図解 マナー以前の社会人常識

岩下宣子

講談社+α文庫

はじめに

家庭でも職場でも、私たちは毎日、人と人とのつながりをもちながら暮らしています。そうしたなかで、何をしてもされても平気な顔で、自分勝手なふるまいをしている人を見かけることはありませんか。そういう人は、自分自身が恥をかくばかりではありません。家族や友人、社員として行動しているときは職場の上司や同僚にまで恥をかかせてしまい、会社全体のイメージ・ダウンにもつながりかねません。やっぱり、人と人とのおつきあいは、スムーズで、楽しく、豊かなものであり続けたいものですね。

「どうしたら、人と人とのおつきあいがうまくいくか」に欠かすことのできない生活の知恵、それがマナーですが、本に書いてあることをただ丸覚えすれば安心というわけではありません。それに、「本に書いてなかったので、できませんでした」とお手上げの状態になっては意味がありませんね。いつも、マナーの〝かたち〟にばかりとらわれていては、窮屈《きゅうくつ》でつらいですし、丸覚えしたことを型通りにこなしたとしても、相手の心に響くことはないでしょう。

マナーは、〝かたち〟ではなく〝心〟です。大切なことは、マナーとしてなぜそう決められているのか、その意味をきちんと理解することです。そして、相手をどんなに大切に思っているか、どうしたらまわりの人に不快な思いをさせないですむか、いつどんなときも「思いやり」の気持ちを忘れないことです。他人のふるまいが気になったとしても、ストレートに指摘するのではなく、どうしたらその人に恥をかかせないようにするかに十分配慮することです。

マナーというと、特別にあらたまったものというイメージをもたれがちです。その意味から本書で取りあげたことは、社会人としてどなたもがわきまえておいていただきたいマナー以前の社会常識と受け取っていただいてもよいでしょう。

もちろん、社会常識を知らずに「つい、ウッカリ」ということもあるでしょうし、そのことは別に恥ずかしいことではありません。知らないことに出くわしたら「このときは、どうしたらよろしいですか」と素直に尋《たず》ねてしまってかまいませんし、知らないことで相手に失礼な態度をとってしまったら、心から謝って、同じことを二度とくり返さないようにすればよいのではないでしょうか。

社会常識を心得ていれば、いつでもどこでも自信をもって行動することができます。そうすれば心に余裕ができ、まわりの人に対しても配慮ができるようになるという良い循環が生まれます。
日本メンズファッション協会は、各界の有名人の中から毎年その年を代表するベスト・ドレッサーを選考しています。その基準には、「魅力ある人間性を備えていることが基本」とあります。非の打ちどころのない服装をしている人というより、どこか人を和《なご》ませる、その人なりの雰囲気のある着こなしをしている人が選ばれているようです。あなたもぜひ、社会常識のベスト・ドレッサーになってください。

20世紀前半を代表するフランスの哲学者・批評家アランは、「他人に対して礼儀正しくあることは、幸福になれる秘訣である」と語っています。
これからも、数多くの人たちとの出会いが待っていることでしょう。その人たちとスムーズにコミュニケーションができ、お互いの信頼関係をより確かなものにして、豊かで楽しい日々を送るために、本書をお役立ていただくことを願っています。

2005年9月

岩下宣子《いわしたのりこ》

◉目次

中国料理店にて

二章　日々の暮らしをなめらかにする、お見舞い・贈答・弔事

三章　恥をかかない日常のふるまい

個人宅の訪問

四章　好感がもたれる言葉づかい

食事のとき

病気のお見舞いに行って

弔事

贈答

図解　マナー以前の社会人常識

一章　おいしい料理で、楽しい食事

食事の際の基本

まわりの人に、不快な思いをさせない

食事の席でのふるまいについて、守らなければならないことがいろいろ決められています。なぜかといえば、一緒に食事をしている人たちがお互い不快な思いをしないで、なごやかなひとときを過ごしたいからです。それに、「あの人、お行儀が悪い」とか「親の顔が見たい」などと言われたくありませんね。

決まり事にばかり気をとられ過ぎては、たしかに食事はおいしくも楽しくもありませんが、せめて最低限のことだけは面倒がらずに守って、さりげなく心配りをすることが大切ではないでしょうか。

食事中の音は禁物

ズルズルとスープをすすったり、クチャクチャ音をさせて噛んだり、食べ物を口に入れたままでおしゃべりしたり、突然大きな声で笑ったり、ゲップをしたり、くしゃみをしたり。それに、カチャカチャ音を立ててナイフやフォークを使ったり、音を立ててグラスを置いたり、ギーギーと音をさせて椅子を引いたり……。

このように、食事中の音は、実にさまざまで、相手にもっとも不快な思いをさせてしまいます。食事中に音を立てないように十分気をつかいましょう。

音を立ててものを噛む

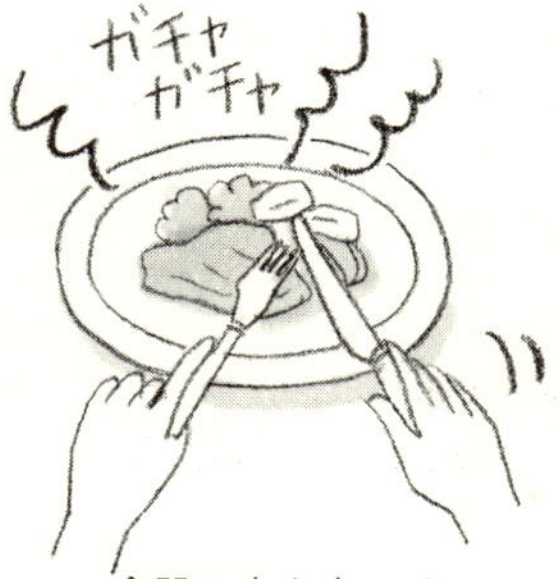

食器の音を立てる

口にものを入れたまま話す

落とした食器を自分で拾う

食事中に喫煙する

ゲップをする

だらしない姿勢はとらない

食事中のだらしない姿勢を気にする人は、とくに年配の方に多いように思います。テーブルの上に肘《ひじ》をつくことも、椅子に斜めに座ることも、足を組むことも、器に覆いかぶさるように犬食いをすることも、してはいけません。気持ちはあくまでもリラックス、でも姿勢はできるだけ背筋を伸ばすようにしたほうが相手には好印象をもたれるでしょう。

お店によっては、男性はジャケットの着用を求められる場合があります。女性の濃いお化粧やきつい香水の香りも、食事の席にはふさわしくありませんね。お店の雰囲気にそぐわない服装や身だしなみは避けます。

食事の席では喫煙を控える

食事中の喫煙は、せっかくの料理の味や香りを損ねてしまいます。タバコを吸う人同士ではなかなか気づきにくいことですが、タバコを吸わない人は、遠く離れた席から流れてくるタバコの煙にも、とても敏感です。

お膳の真ん中に置かれたお刺身の舟盛り（一緒盛り）に、タバコの煙が吹きかかっているのを目撃したことがあります。そんなお刺身、口にしたくありませんね。

とくにお酒が入るとタバコを吸いたくなるようですが、ほかのテーブルで食事をしている人のことも考えて、食事の席での喫煙は我慢していただきたいと思います。

どうしても吸いたければ、デザートが終わってから、同席した人に「吸ってもよいですか」とひと言断ってから灰皿を頼みます。それだけの心づかいをする人に、まわりの人は「NO」とは言いにくいものです。

出された料理はすぐにいただく

鉄板の上でジュウジュウ音を立てているお肉、おいしそうですね。お店は、熱いうちにおいしく召しあがっていただきたいという気持ちを込めて、わざわざ鉄板も熱して、その上に焼きたてのお肉をのせてくれるのです。

熱いものは熱いうちに、冷たいものは冷たいうちにが、料理をおいしくいただく鉄則です。話に夢中になって出された料理に手をつけないのは、手間をかけた人への心づかいを欠いたふるまいといえるでしょう。

予約した時間に遅れない

お店としては、多くのお客様それぞれに対して、最高においしいものをベストのタイミングでお出しするように段取りを調えてお待ちしているはずです。それなのに、予約した時間に遅れてしまっては、その段取りがすべてくずれてしまうことになります。お店には、予約した時間より少し早めに到着するようにします。やむを得ず遅れてしまいそうなときは、必ず連絡を。

当日、突然に行くことが決まっても、いきなりお店に行かないようにしましょう。電話を一本入れてくれたほうが、準備をするお店にとってはとてもありがたいことです。

食事の予約は、遅くても2～3日前までに入れるのがふつうです。

予約の内容は具体的に

食事の予約をするときは、日時と人数はもちろんのこと、情報誌やインターネットなどでお店の情報が事前に入手できる場合は、メニューの内容と予算も具体的に伝えます。何回か行ったことがあって、店内のレイアウトがわかっているお店でしたら、希望する席の位置を伝えてもよいでしょう。

好感のもてる予約や、当日お店でのふるまい次第では、サービスの内容がグッとよくなるかもしれません。

席を替えて欲しいときは、はっきり言う

お店に着くと、接客係が出迎えてくれてリザーブしてある席（部屋）に案内してくれます。お店の判断で席（部屋）が決められてしまいますが、必ずしもそこが気に入るわけではありません。せっかくの食事の時間を、不満をかかえたままで過ごすのはもったいないことです。もっと眺めのよい席に、もっと大きなテーブルの席に、もっと奥の席に、といったように、店内を見渡して希望がかなえられそうなときは、遠慮しないではっきり申し出たほうがよいでしょう。

「こんな席、いやだから」と怒りをぶつける

ような言い方ではなく、あくまでもお願いする姿勢で。ただ、満席のときはあきらめるしかありません。

コートやバッグは持ち込まない

食事の真っ最中に、テーブルやカウンターのそばで、お店に入ってきた人にじっと立たれたり、コートをバタバタ脱がれたらたまりませんね。コートについたチリやホコリを、料理の上にふりかけないで欲しいと思います。それに、大きなバッグを持ち込まれても、椅子にぶつかったり、トイレに行く人や接客係のじゃまになって迷惑千万です。

コートは、お店の入口の前か入ったところで脱ぎ、大きなバッグも必ず預けます。

嫌いな食材は、注文するときに伝える

お店の側にしてみれば、料理を残されるというのはとても気になるものです。もし、嫌いな食材が入っていたり、食べ切れなかったというのが理由であれば、ことは簡単。

料理を注文するときに、好き嫌いや、盛りつけの量をはっきり伝えれば、残してしまうといったもったいないことをしないですむでしょう。

お店の人と親しくなれば、コミュニケーションはより密になって、ほかのお店では言いにくいことも言いやすくなります。お店の人と親しくなるコツは、おいしい料理は心からくり返しほめることです。

日本料理店にて

箸の上げ下ろしは、必ず両手で

箸の上げ下ろしは、必ず両手で行うことがポイント。その手順を確認してみましょう。

①右手で箸の中央を持ちあげます。

②左手で箸の下から添えて持ち、右手を横に滑らせ、右手を箸の下に回して持ちかえます。

③2本の箸のうち上になっている1本を中指と人差し指で挟むようにして持ち、親指を軽くあてます。箸を使うときは、挟んだ箸（上の箸）だけを動かします。

④箸を休めるときは、持つときと逆の動作で箸をそろえ、箸置き（ないときはお膳の左フチ）の上に置きます。

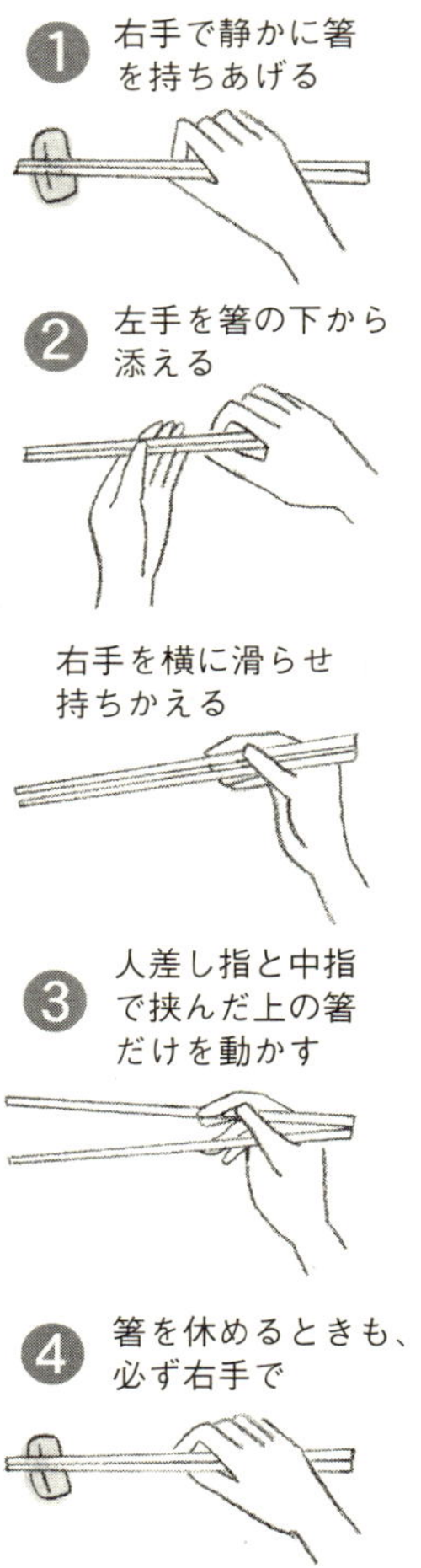

1 右手で静かに箸を持ちあげる
2 左手を箸の下から添える
右手を横に滑らせ持ちかえる
3 人差し指と中指で挟んだ上の箸だけを動かす
4 箸を休めるときも、必ず右手で

箸と器は同時に取りあげない

箸と器を同時に取りあげるのは「もろおこし」といって粗相のもと、やってはいけません。では、どちらが先かというと、ご飯茶碗などお膳に向かって左側にある器は、左手をまっすぐ伸ばせばすぐに届きますから、箸を先に持っても問題ありません。

しかし、汁椀などお膳の右側にある器を取ろうとすると、左手は斜めに移動させなければいけないので取りにくいものです。先に箸を持ったままでは、粗相しがちですので、

①まず右手で器を手に取ります。
②器を左手に移し、右手で箸を取りあげます。
③箸先を左手の薬指と小指の間に挟みます。
④右手を横に滑らせるようにして、静かに箸を持ちかえます。

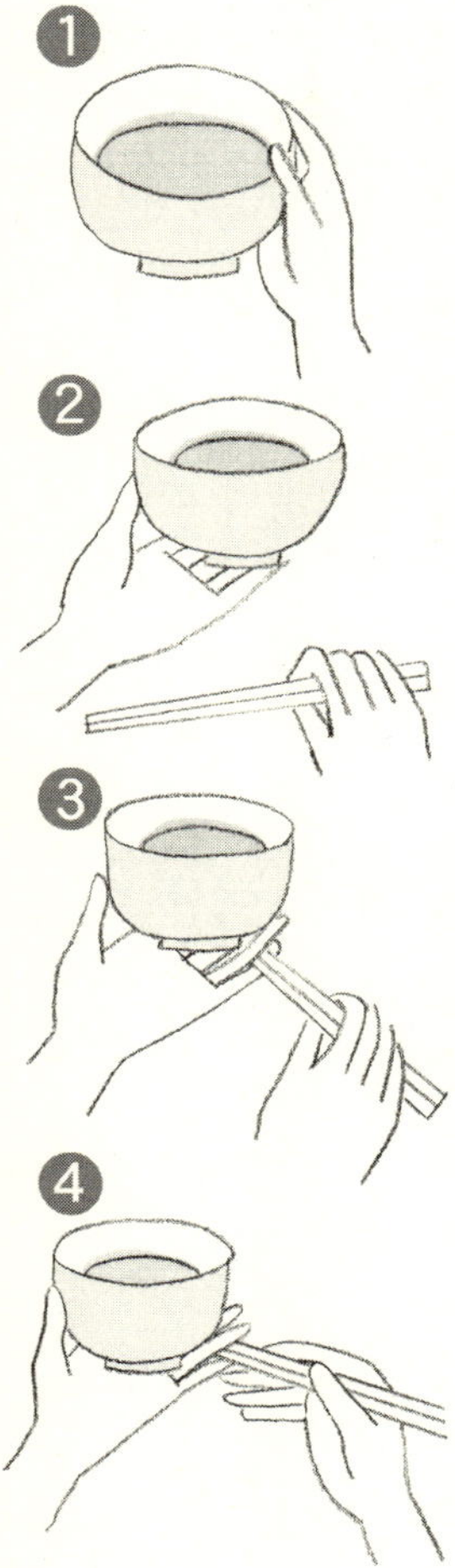

昔は、「いただきます」をしたら、最初にご飯から口をつけるものでしたが、今は、お汁が先です。乾いている箸先を濡らしてご飯がくっつきにくくするためにするようになったのです。

箸袋を箸置きに使ってもよい

テーブルやお膳の上に使いかけの箸を直接置くことはさすがに気が引けるのですが、さて、どこに置いたらよいものやら、です。

箸置きがなく、箸袋に入った箸だけが置かれているお店では、箸袋を千代結びにしたり折りたたんで山型をつくり、箸置きの代わりにするとよいでしょう。そうしている人をけっこう見かけますが問題はありません。

箸袋がなく、テーブルの上に割り箸がまとまって置いてあるお店でしたら、取り皿の上手前に一文字に渡して置いたり、器のフチに箸先を立てかけて置くのがよいでしょう。

箸袋で箸置きをつくる

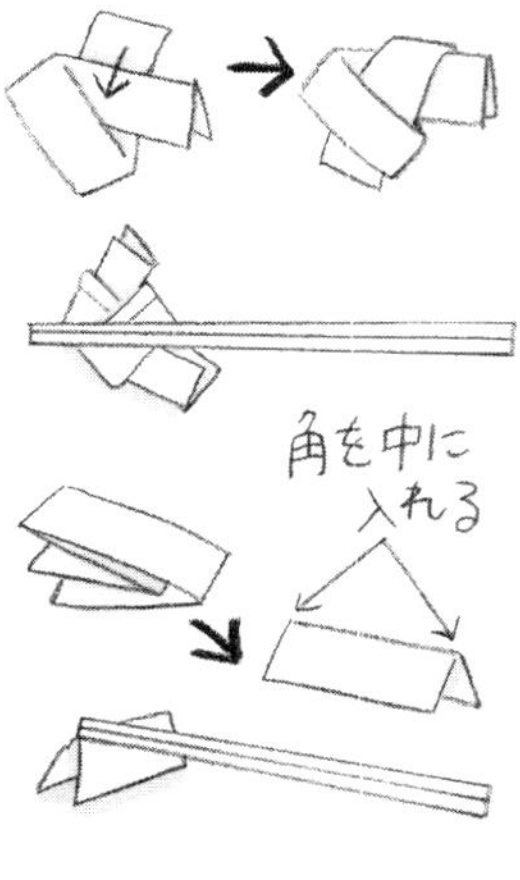

使った箸や爪楊枝《つまようじ》は箸袋に戻す

食事が終わってから、使った箸の始末にも気をつけているでしょうか。器の上に渡すようにして置いたり、お皿の上に投げ出すように無造作に置いてはいませんか。

箸袋に入っていた箸は、その箸先を箸置きとして結んだ箸袋の端に差し込むか、箸袋を広げてその中に戻すようにします。箸袋に戻したときは、袋の端を折っておくと、使った箸ということがすぐわかるので、お店の人にとっては親切です。もちろん、使った爪楊枝も、箸と一緒に箸袋に入れておきます。

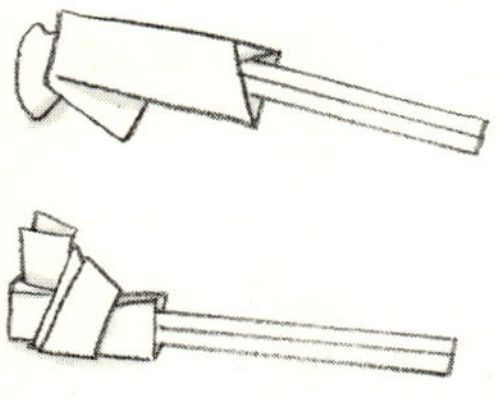

使い終わった箸は箸袋に戻して袋の端を折るか、箸の先端を箸置きに差し込む

割り箸は、扇を開くように水平に割る

自分では気がついていないかもしれませんが、お店で見ていると、割り箸を水平（横）に割るのが癖の人と、垂直（縦）に割るのが癖の人がいるようです。

割り箸の割り方にとくに決まりはないので、好きなように割ってかまいませんが、できれば、割り箸の手前を持って箸先を開くように水平に割るほうが優雅に見えます。日本舞踊で、扇を手前からゆっくりと開くのと同じ感じです。前に置いてある器にぶつからないように、割り箸をひざ元にもってくれば粗相をしてしまう心配はありません。

　割り箸を口にくわえて「パチン！」、これだけはいただけませんね。

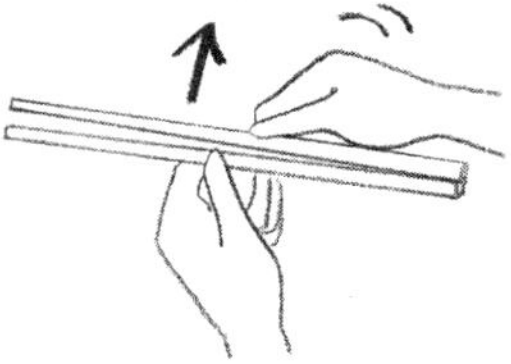

割り箸は水平に割ると優雅に見える

これだけある〝やってはいけない箸使い〟

どれから食べようかとお膳の上で箸をウロウロさせたり、箸の先についたご飯粒をなめて取ったり、箸を1本ずつ両手に持って料理をちぎったり……。このような箸の使い方に心当たりはありませんか。

　実はどれも「忌《い》み箸」といって、昔からやってはいけない箸の使い方。どう見ても、おいしそうに食べているようには思えませんし、奇妙な箸の使い方をしている人が一人でもいると、食事の席を台無しにされてしまいます。箸の使い方がいろいろ決められているのは、人に不快な思いをさせないためでもあります。

長い間の習慣で、箸の使い方は癖になっていますから、そう簡単に直せるものではありません。いっぺんにあらためることは無理ですし、自分ではなかなか気づかないものです。ふだんの食事のときから、家族同士で指摘しあって直すように気をつけてみてはいかがですか。

あげ箸＝口より上に箸をあげること。料理を落としがちです。

移し（拾い）箸＝箸から箸へ料理を受け渡すこと。火葬後のお骨《こつ》拾いのときにこの箸使いをします。

移り箸＝おかずからおかずへ連続して箸をすすめること。ご飯を一口挟むと、前のおかずの味が残りません。

こすり箸＝割り箸を割ったときササクレをこすって落とすこと。引っ張れば取れます。

込み箸＝箸で料理を口の中にいっぱいつめ込んでほおばること。

逆《さか》さ箸＝自分の箸を逆さにして使うこと。

探り箸＝かき回して器の中身を探すこと。

刺し（突き）箸＝料理を突き刺すこと。刺し損ねると料理が器から飛び出します。

差し箸＝箸で人や料理を指差すこと。

すかし箸＝魚の骨の間から、下身《したみ》をかき出すこと。

そら箸＝器まで箸を近づけておいて、料理を取らないこと。何か入っていたのではないかと気にされます。

竹木箸＝不揃いの箸で食べること。弔事のお骨拾いでは、竹と木の箸を使います。

忌み箸のいろいろ

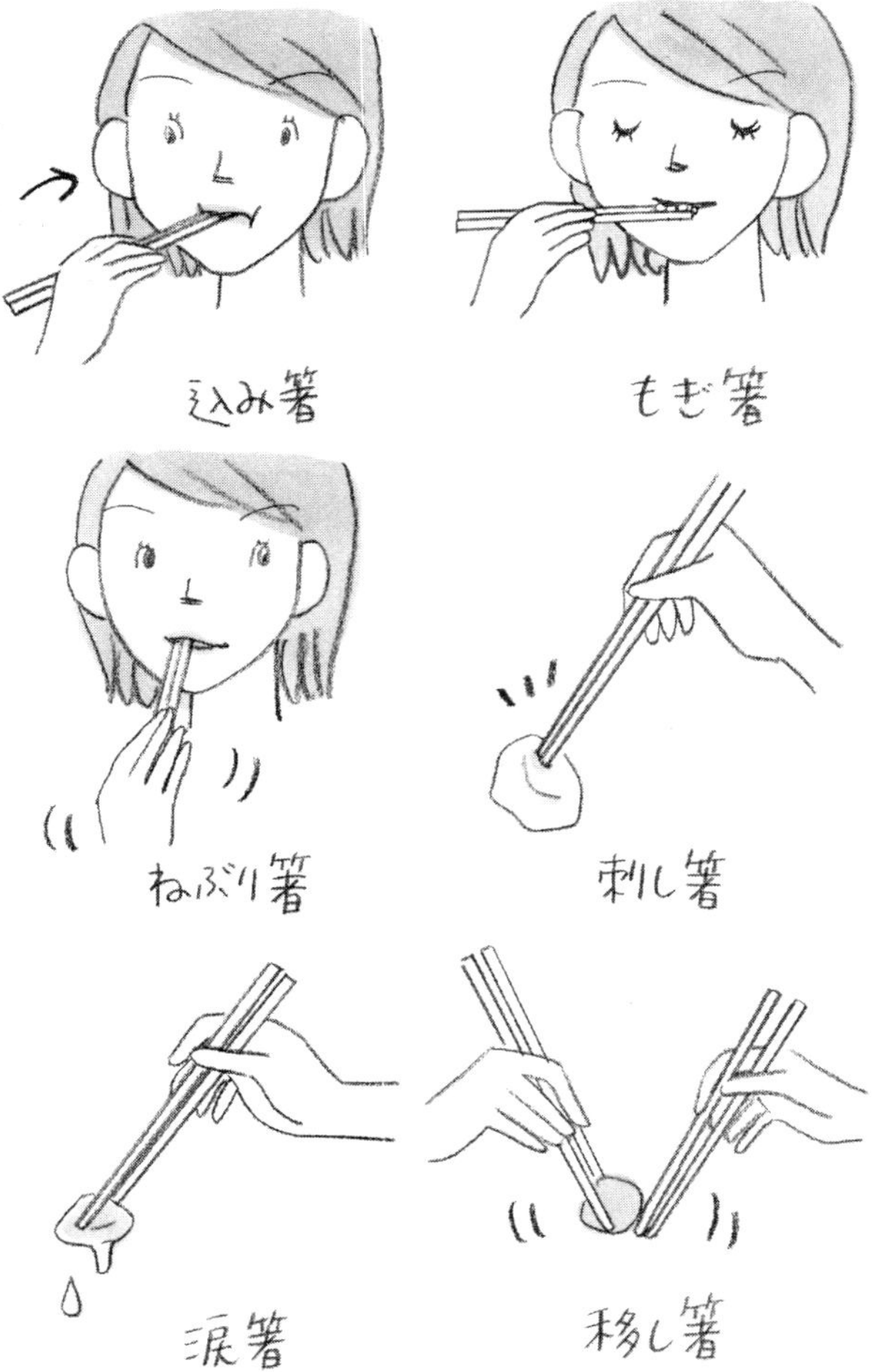

迷い箸

探り箸

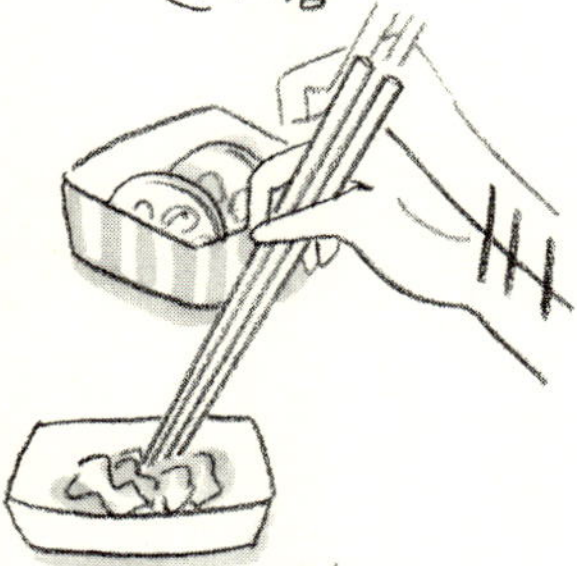
移り箸

ちぎり箸

渡し箸

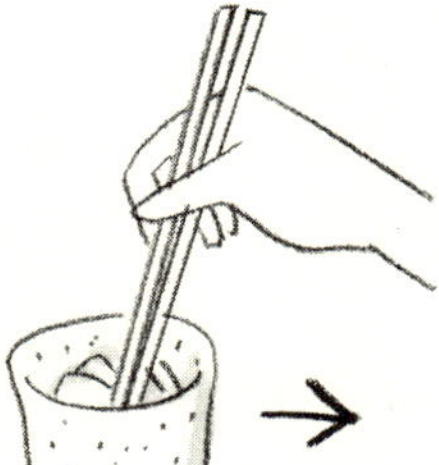
寄せ箸

たたき箸＝箸で器をたたくこと。
立て箸＝箸をご飯に差すようにして箸休めをすること。弔事の枕飯《まくらめし》のことを連想してしまいます。
ちぎり箸＝箸を1本ずつ両手に持って料理をちぎること。
涙箸＝煮物の汁やお刺身の醬油をポタポタ垂らしながら口に運ぶこと。
握り箸＝器を持っている手で箸を握るように持つこと。
ねぶり箸＝箸の先をなめること。
振り箸＝箸の先についた汁などを振って落とすこと。
迷い箸＝どれを食べようかとお膳の上で箸をウロウロさせること。
もぎ箸＝箸の先にくっついたご飯粒を口で取ること。
楊枝箸＝箸を爪楊枝の代わりに使って歯をほじること。
寄せ箸＝箸を使って、器を自分のほうに引き寄せること。
渡し箸＝箸を器の上に渡すように置くこと。

お客様には、塗り箸ではなく白木の箸

お客様が見えたとき、最高級の塗り箸でおもてなしをするのは、実は間違い。どんなに高級なものでも、塗り箸は何度も洗って使えるからというのが理由です。お箸にも格があって、「あなただけのためにつくった一回限りの箸」ということで、白木の箸がもっとも格が上。ふだんのおもてなしでは、片端が細

い片口箸、お祝いのときは神様と一緒に食事をするという意味で、両端が細く柳の木でつくられた柳箸や吉野杉でつくられた利休箸を出します。

ただし、お客様に白木の箸を出して、自分たちはふだん使っている箸というのは、ふだん着で接するのと同じことで、してはいけないことです。

ご飯は山盛りにしない

お茶碗にご飯を山のように盛るのは、一見豪快そうに見えますが、絶対にしてはいけません。人が亡くなったときに、ご飯を山盛りにして箸をまっすぐに立てて供《そな》える「一膳《いちぜん》飯《めし》（高盛飯《たかもりめし》、枕飯）」を連想させるからです。

ご飯はしゃもじで2～3回に分けて、お茶碗の7～8分目ほどによそいましょう。「よそう」は「装う（粧う）」と書き、「表を飾る、整える」という意味です。「よそる」という言い方もします。

よそったご飯茶碗は、いただく人から向ってお膳の左側に、汁椀は右側に置くのが決まりです。

おかわりした器はいったん置く

ご飯をおかわりして、受け取った器をそのまま口元に運んでいる人を見かけると、いかにもがっついているなあという印象をもってしまいます。一つの動作を終えてから次の動作に移るというのが、和食の席でのふるまいです。

器を受け取ったら、面倒でもいったんお膳（テーブル）の上に置き、ふたたび持ちあげてからいただくようにしてはいかがでしょうか。

お酒をいただくときも同じです。グラスや杯《さかずき》を手に持ってお酒をついでもらったら、いったん置くか、ひざ元に持ってきてから口に運びます。

【お刺身（おつくり）】

ワサビは、醤油に溶かさない

お刺身に箸をつける前に、醤油皿にワサビを溶いてしまう人がいます。ワサビ醤油の漬け丼にしたいというのでしたら話は別ですが、ワサビの風味を損なわずにお刺身をおいしくいただきたかったら、そうしないほうがよいでしょう。お刺身一切れずつに箸でワサビを少量のせ、お刺身の下に醤油をつけてから口に運びます。添えられている穂ジソは、好みで醤油皿にほぐして入れます。

舟盛りは、盛りつけをくずさないように手前から順に箸をつけていきましょう。

ワサビは、取り箸で取り分ける

大勢で食事に行ったときに、舟盛りを注文。そこに盛られているワサビを、自分の箸を逆さに持ちかえて取り分けている人を見かけます。これは「逆さ箸」といって、やってはいけない箸使いの一つ。箸をひっくり返したら、いろいろなところに触れたかもしれない手で持っている部分がワサビに触れてしまうことになるので、かえって不潔です。鍋を囲むときと同じように、直箸《じかばし》（直接箸をつけること）でよいでしょう。

どうしても直箸に抵抗があるのでしたら、お店にお願いして、取り箸として使うためにもう一膳割り箸をつけていただき、それで取り分けてはいかがでしょう。

今どき、割り箸を一膳ケチるようなお店はまずありません。

ツマは、お口直しにいただく

お刺身の下に敷かれているツマを、盛りつけのただの飾りと思ってはいけません。焼き魚に添えられたハジカミ（酢どりしょうが）と同じで、お口直しのためにあります。お刺身をすべて食べ終えたら、生臭さをとるために最後に食べて口の中をサッパリさせてから、次の料理に進むとよいでしょう。

ツマとして使われるのは、かつらむきした大根を細く切り、水に放してシャキッとさせた「けん大根」といわれるもの。お好みでシソの葉に巻いていただくと、おいしくもあり、お口直しの効果もてきめんです。

【焼き魚】

はずした骨はお皿の向こう側に置く

尾頭《おかしら》つきの焼き魚はどうも苦手という人、けっこういます。味ではなく、「きれいに食べられないから」という理由にはビックリ。きれいに食べられないのは、ところかまわず箸をつけてしまうからです。食べ方の流れを知っていると、きっとうまくいきます。

①上身《うわみ》は、頭のうしろから尻尾に向かって一口ずつほぐしながら口に運びます。

②頭を持ち、中骨と下身の間に箸を差し込んで少しずつずらしながら、頭・中骨・尻尾をつなげたままはずします。

③はずしたらお皿の向こう側に置き、下身を

❶
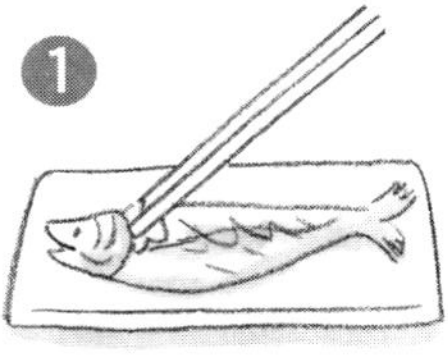
頭のうしろから上身をほぐす

❷ 中骨と下身の間に箸を差し込みずらす
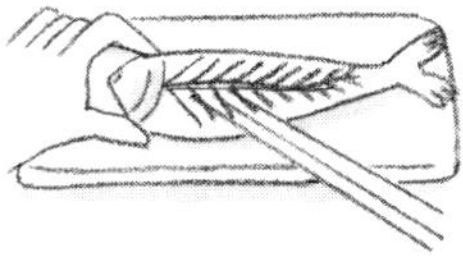

❸ はずした頭・中骨・尻尾はお皿の向こう側に置く
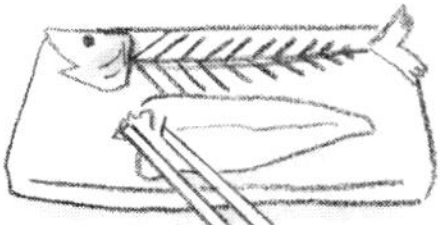

❹ 食べ終わったら骨をお皿の真ん中に戻す
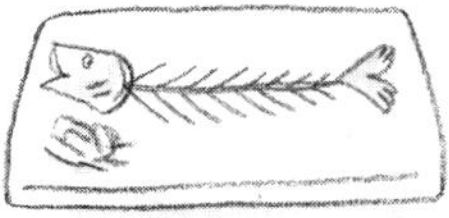

頭のほうから一口ずつほぐして食べます。
④最後に、はずした骨は真ん中に戻し、竹の葉があったらそれで隠しておきます。
鯛《たい》のように骨が身から離れにくい魚や、香ばしい皮と身を一緒に口にしたいという人にとっては、ひっくり返したほうが食べやすいのはたしかです。

ただし、骨と骨の間から下身をかき出すのは、「すかし箸」という、やってはいけない箸の使い方ですが、大きな魚は、ひっくり返すと粗相してしまいがちです。できれば、ひっくり返さない食べ方をおすすめします。

ハジカミは、箸でつまんで食べる

焼き物を注文すると、ハジカミや菊花かぶらなどの酸味が添えられていることがよくあります。これらは、ただの飾りではありません。焼き物を食べて口の中に残った苦みや油っこさをとるお口直しのためにあるものです。焼き物を食べ終えたら、最後にかじって、口の中をサッパリさせてから次の料理に移るとよいでしょう。

ハジカミは、手づかみしないで箸でつまんで食べるようにします。

口に入った小骨は、箸で取り出す

お皿の上で取り切れず、身と一緒に口に入ってしまった魚の小骨を、指先でつまんで口から出すのはやめましょう。食事の席で、いったん口に入れたものを出すのはしてはいけないことですが、小骨はそうはいっていられません。せめて片方の手で口元を隠すようにして、必ず箸を使って取り出します。西洋料理の場合には、ナプキンを使って口元を隠し、フォークで受けて小骨を出します。

残った小骨や皮、かじったハジカミ、絞ったレモンの始末にも困りますね。お皿の端に小さくまとめて、あしらいものの竹の葉などがあったらそれで隠しておきます。

食事が終わったら、食べ散らかした感じを与えないように気づかうことも忘れずに。

鮎の塩焼きは頭と一緒に骨を抜く

鮎の塩焼きは、焼きたてを両手で持って丸ごとがぶりといきたいところです。しかし、

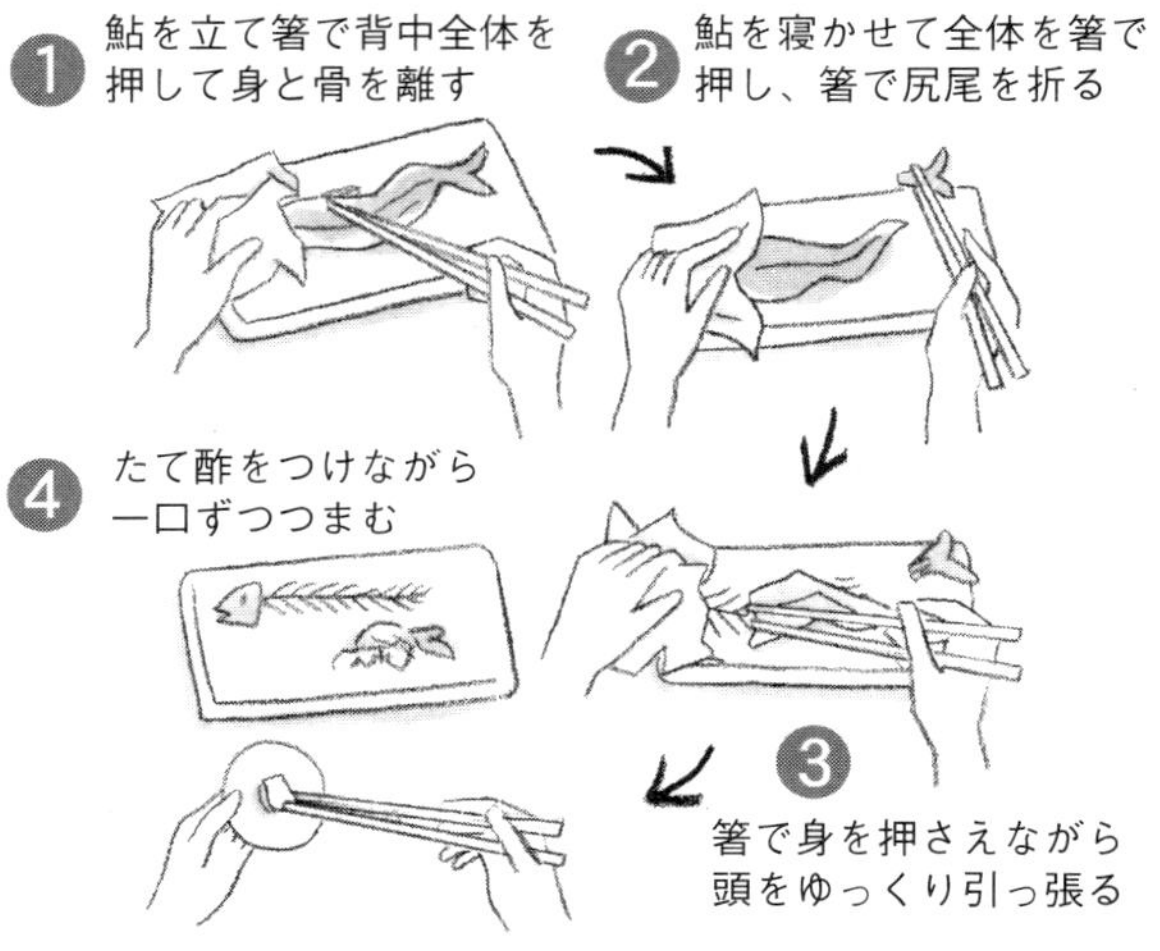
1 鮎を立て箸で背中全体を押して身と骨を離す
2 鮎を寝かせて全体を箸で押し、箸で尻尾を折る
3 箸で身を押さえながら頭をゆっくり引っ張る
4 たて酢をつけながら一口ずつつまむ

それができない席のときには、食べやすい方法があります。

①鮎を立て、頭から尾のほうに向かって背中全体を箸で押して身を骨から離します。

②鮎を寝かせ全体を箸で押してから、尻尾を折って取り除きます。

③頭のほうからゆっくり引っ張ると、天然物でしたら骨全体が簡単に抜けます。冷めてしまう前に行ってみます。

④ほかの焼き魚と同じように口に運びます。

【串物】

具は先に串からはずす

大衆的なお店でしたら、焼き鳥も田楽もつくね団子も気軽に串を持ってかじりつけますが、接待のときなど、お座敷ではそうはいきません。全部でも、一つずつでもかまいませんが、はじめに必ず串からはずしてから、箸でいただきます。

　串は、熱いうちのほうがはずしやすいでし

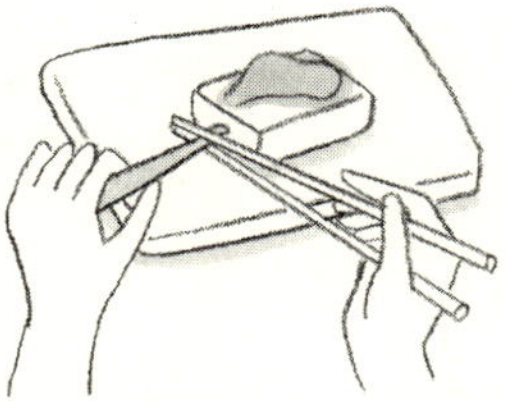

田楽は箸を使って串からはずす

はずしにくいときは串を回す

ょう。はずしにくかったら、串を回してみます。レストランの串料理も、お皿の上で串を寝かせ、串の片方をナプキンの上から持ったままフォークを使って具を先にはずします。

【煮物】

残った汁は、飲み干してよい

煮物の器に残った汁。とてもおいしいので、残してしまうのはもったいないけど、それを飲んでしまうと卑《いや》しいと思われるのではないかと心配です。

そんなことはありません。箸を置き、器を両手で持って飲み干してもかまいません。

煮物をいただくときは、気をつけないと汁がポタポタと落ちてしまいます。器を手に持つか、器のフタをひっくり返して、それで受けるようにしながら煮物を口に運ぶと、お膳を汚す心配がなくなります。

【天ぷら】

盛りつけの手前から順に食べる

お皿にきれいに盛られて出される天ぷらですが、好きなものから食べてよいとか、好きなものを最後に残すように食べてよいというわけではありません。

実は、手前に味の淡泊なもの、奥に味の濃いものが盛りつけてあって、食べて欲しい順番が考えられているのです。できるだけ盛りつけをくずさないようにして、手前から箸をつけていくのがきれいな食べ方です。

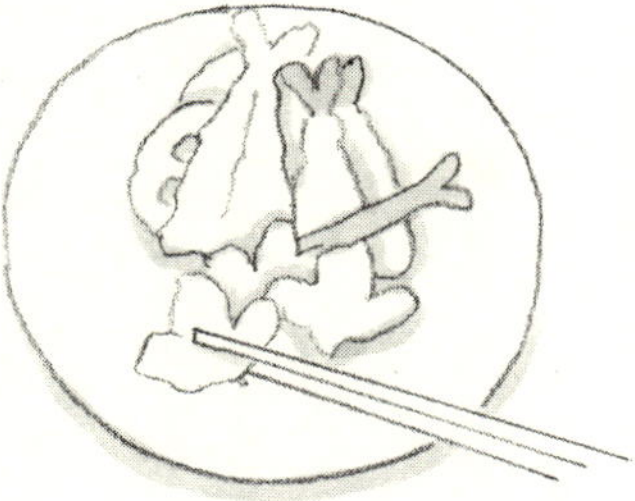

盛りつけをくずさないように
手前から箸をつける

天つゆの器は、手に持つ

天ぷらをいただくとき、置いたままの天つゆの器に口を近づけてしまうと、犬食いの状態になって見苦しいものです。

天つゆがポタポタとしたたり落ちないようにいただくには、天つゆの器は必ず手に持つようにしましょう。天つゆには一口食べる分だけつけるもので、天ぷら全体を天つゆにひたしてしまうものではありません。

大根おろしなどの薬味は、はじめに全部入れてしまってもかまいません。

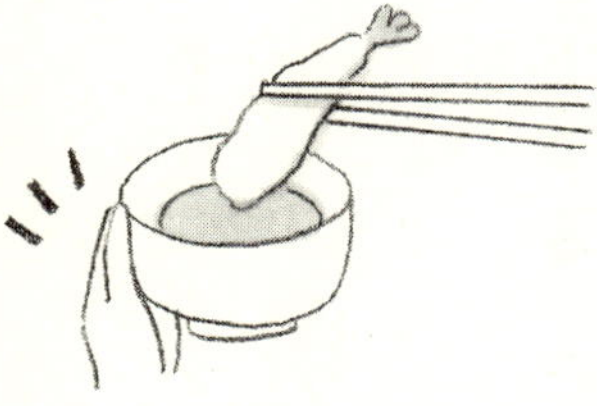

天つゆの器は、必ず持って
いただく

かじりかけを、お皿に戻さない

天ぷらのネタは、箸で切れるものは、お皿の上で一口大に切って口に運べばよいのですが、エビやイカなど箸で切りにくいものは、そのままかじるしかありません。

しかし、かじりかけのネタをお皿に戻したり、天つゆの器に入れたままでお膳に置くことはやめましょう。一度かじったものは、天つゆの器を持ったままで、何回かに分けて食べ切ってしまいましょう。エビの尻尾や野菜のヘタは、食べ終わったら盛りつけのお皿の端にきれいにまとめておきます。

【椀物（汁物）】

フタがなかなか開かないときは？

運ばれてきたお椀のフタを開けようとしたら、ピタッとくっついてなかなか開かないとき、どうしたらよいでしょう。フタを無理矢理引っ張ってしまうと、塗り椀の表面を傷つけてしまったり、勢い余ってこぼしてしまう

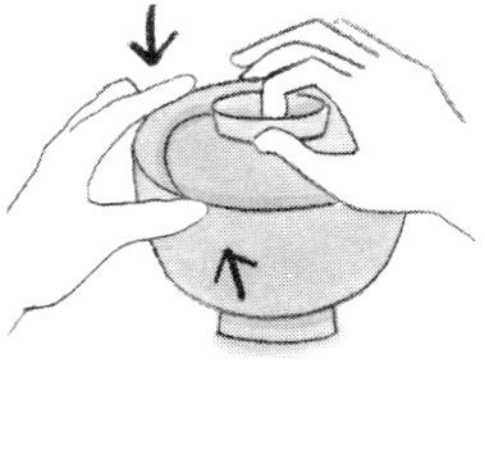

フタが開きにくいときは、フチを軽く握る

ことがよくあります。

お椀のフチに沿って指先を添え、軽く握ってみてください。フタが少し浮いて、簡単に開けることができるはずです。

フタは裏返しにして戻さない

食べ終わったあとに、フタを裏返しにしたり、ずらすようにしてお椀に戻している人を見かけますが、お店に対して「どうぞ片づけてください」というサインにはなりません。

塗り椀などは表面を傷つけるおそれがありますから、フタは出されたときと同じようにふつうにお椀に戻します。片づけて欲しかったら、お店の人にはっきり言うか、フタを戻したお椀をお膳の外に出しておきます。

食事が終わってから、気をきかしてほかの人のお椀まで手元に重ねて置くのはやめます。お店にとっては、片づけやすいどころか、ありがた迷惑になることがあります。片づけはすべてお店にまかせましょう。

フタのしずくを切ってから置く

椀物のフタを開けたら、内側についたしずくがお膳の上にポタポタと落ちてしまうことがよくあります。

そんなときは、フタを持ちあげて内側を自分に向けるようにして傾け、しずくを器の中に落としてしまうとよいでしょう。しずくを切ったらフタをひっくり返して（あおむけにして）、お椀の右側に静かに置きます。

ただ、漆塗《うるしぬ》りや蒔絵《まきえ》がほどこされた高級な重箱のフタの場合、無造作にひっくり返して置くとデリケートな表面を傷つけてしまいがちです。器の右横にふせたまま置いてもかまいません。

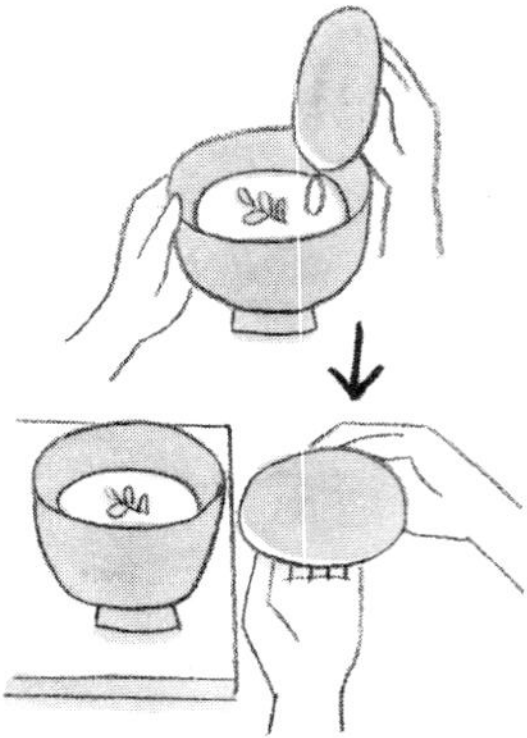

お椀のフタについたしずくは器の中に落としてから、裏返しにして置く

［寿司］

箸でも、手でつまんでもよい

握り寿司は、直接手でつまんで食べていいのか、箸を使って食べたほうがいいのか、よくわかりません。

実は、どちらが正しいとか間違っているとかいうことはありませんので、ＴＰＯで判断してよいでしょう。

やわらかく握ったご飯は、箸を使うより直接手でつまんだほうが食べやすいことはたしかです。しかし、なじみのお店のカウンターでならともかく、お座敷で寿司桶から手でつまむというのはあまりおすすめできません。

そのときは、箸で上手に口に運ぶようにしてください。

ネタとご飯は、挟んで持つ

手でつまむにしても箸を使うにしても、握り寿司はいったん倒してから、ネタとご飯を挟むようにして持つのが食べやすさのコツです。

そうしたほうがご飯がくずれにくく、ネタを醤油につけやすく、とくに箸を使うときはなおさらです。ご飯を醤油につけてしまうと、小皿にご飯粒がポロポロ落ちてみっともないですからね。

ネタを下にしたほうがおいしいという人と、そうではないという人、好みが分かれるところではありますが、持ちやすいかたちで口に運んでかまわないでしょう。

倒してから、ネタとご飯を挟んで持つ

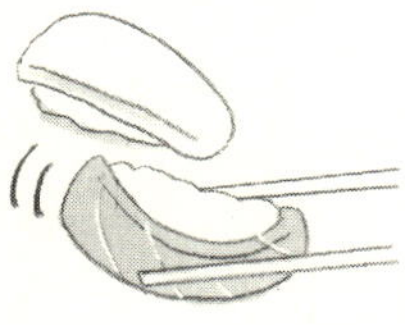

ネタに醤油をつける

大きいご飯は、半分を先に食べてしまう

握り寿司は、一口で食べ切るものです。ご飯が大きく一口で食べ切れないからといって、一貫を噛みちぎりながら食べるものではありません。

「ご飯の量を少なくして欲しい」と注文できればよいのですが、握り方はそのお店の伝統的なスタイルですし、頑固そうな主人に言ったら叱られそうで、結局無理してほおばらざるを得ないこともあるようです。

　ご飯が大きくて一口で食べ切れなかったら、ネタをそっとめくり、ご飯だけ半分ほど先に食べてしまいます。それから、残った半分のご飯をネタにくるんで口に運ぶようにするとよいでしょう。

大きな握り寿司は、はじめにご飯を半分食べ、残りのご飯をネタに巻いて食べる

【鍋・お茶漬け】
箸は、ひっくり返さない

「鍋料理は好きだけど、家族以外の人と囲むのはどうも」という人がけっこういらっしゃいます。親しくない人たちの口に触れた箸先が、一つの鍋の中に入ることが耐えられないというのが理由のようです。

　では、鍋を突っつくたびに、箸をひっくり返したほうがよいのかというと、それこそ不潔ですし、食べにくいことこの上ありません。鍋は、直箸のままでかまいません。

　場合によっては、お店の人に取り分けてもらうことも、取り分け専用の取り箸やお玉を用意してもらうこともできるでしょう。

そもそも、直箸が耐えられない相手とは鍋を囲んでもおいしくありませんから、はなから避けたほうがよいに決まっています。

お茶漬けはかき回さず、器の手前から少しずつ

お茶漬けを、口をつける前に全部かき混ぜてしまう人を見かけます。これでは、せっかくの風味がなくなってしまいます。

器を手に持ち、手前から少しずつくずすようにするのが、おいしくいただくコツ。ズルズルと大きな音を立てないように、すするというよりはサラサラと流し込むという感覚です。熱くても、フーフーと吹きながら、というのはいけません。

レストランにて

ナイフとフォーク、ハの字は食事の途中

レストランで、まだ食べ終わっていないのにお皿を持って行かれたり、食べ終えたのになかなかお皿を片づけてくれなかったといった経験、よくありますね。自分では気づかないうちに、ナイフとフォークの置き方で、お

店の人にサインを送ってしまっていたからなのです。

　実は、ナイフの刃を自分のほうに向け、フォークの背を上にしてお皿の上に八の字に置くと、「この料理は、まだ食べている途中です」のサイン。ナイフの刃を自分のほうに向けて奥に、フォークの腹を上にして手前にして二の字に並べて置くと、「食べ終わりました」のサインという決まりがあるのです。

料理が途中のときハの字

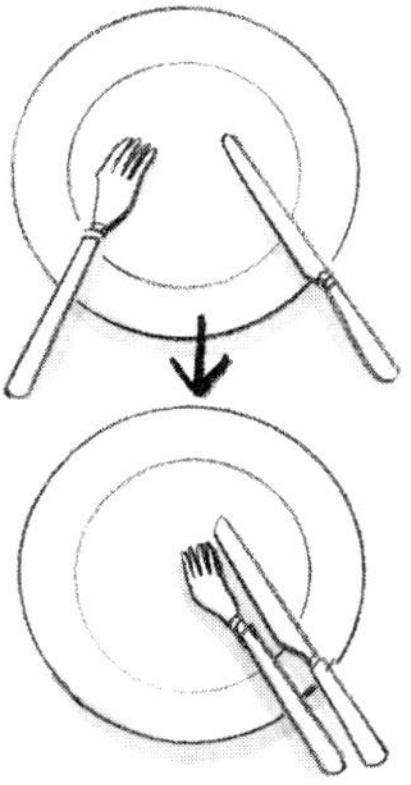

食べ終わったら二の字

　このような置き方は、身近なファミリー・レストランでも通用しますから、ぜひとも覚えておくとよいでしょう。

　ちなみに、スープ・スプーンは受け皿に横一文字で置くか、スープ皿の中に柄を自分に向けて縦に置くのが終了のサインです。

落とした食器は、自分では拾わない

　食事中、ナイフやフォークをうっかり床に落としてしまったとき、恥ずかしいからといって、自分でそっと拾ってはいけません。

　軽く手をあげて接客係に合図し、拾ってもらうようにお願いします。同じテーブルの人には、「失礼しました」とひと言詫《わ》びることも忘れずに。

　グラスを倒して、中身がこぼれてしまったときも同じです。テーブルから流れ落ちたり広がらないようにナプキンで押さえることはしてもかまいませんが、自分で何とかしようとしないで、あと始末はすべて接客係におまかせしましょう。濡れたナプキンは、取り替えてもらえます。

スープのスプーンは、手前から動かす

　スープがスープ皿で出されました。スープをすくうのに、スプーンを手前から向こう側に動かすのか、向こう側から手前に動かすのか、迷うところです。

　実は、スプーンにも表裏があります。イギリスではスプーンの腹が表、フランスでは背が表で、表を上にセッティングされていることがよくあります。日本は、イギリス海軍のテーブル・マナーの影響が強く、スプーンの表を相手に見せるように手前から向こうに動かしてすくう人が多いようです。したがって、フレンチでは向こうから手前に動かすわけですが、手前から動かす、すくいやすい方法でかまいません。

　スープの量が少なくなってきたら、お皿の手前を少し持ちあげ先のほうにためてすくいます。それでもすくい切れずにお皿に残ったスープは、あきらめましょう。間違っても、お皿を持って飲み干すことのないように！

　もちろん、持ち手のついたカップ・スープであれば、カップを手に持って飲み干しても

かまいません。

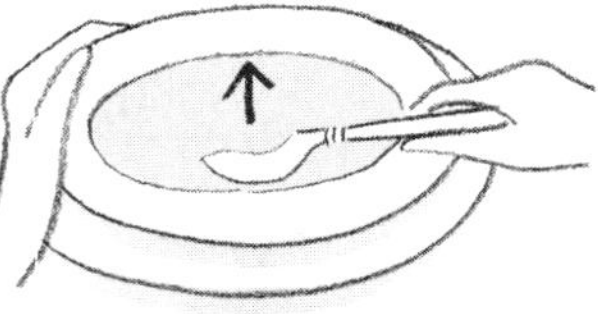

スープは手前からすくう

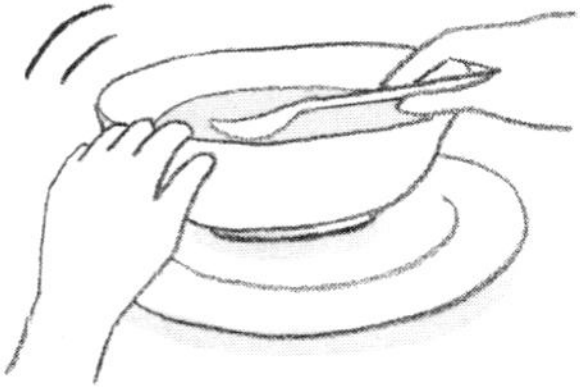

少なくなったらお皿の
手前を少し持ちあげる

スープは、すすらずに流し込む

スープは熱いせいもあって、ついズズッと音を立ててすすりがち。来日した外国人は、スープをすする日本人の多さにビックリするそうです。

スープは、すするものではなく流し込むものです。楕円《だえん》のスプーンは口に直角（細いところが手前）に、丸いスプーンは45度の角度で下唇に軽くのせ、スープを流し込むようにすると、音を立てずにすみます。

ご飯は、フォークの腹にのせる

今でこそ少なくなりましたが、フォークの背にご飯をのせて、ポロポロ落としながら食べにくそうに口に運んでいる姿をよく見かけたものでした。丸くなっている上にご飯をのせること自体に無理があります。食べにくいのに我慢する必要はなく、ご飯はフォークの腹にのせて食べてかまいません。

　フォークを左手で持つときはそのまますくうかナイフを使ってご飯をのせ、右手で持つときはふつうにご飯をすくいます。ご飯が盛られたお皿を手に持って食べることはしてはいけません。

ナイフを使ってフォークの腹にご飯をのせる

スパゲティにスプーンは添えない

　フォークだけでなく、スプーンを添えてスパゲティをいただいている女性をよく見かけます。「そうしたほうがまとまりやすいから」というのでしょうが、スパゲティの本場イタリアでは、フォークにクルクルと巻きつけるだけで、スプーンを添えるのは日本だけ、ということは覚えておくとよいでしょう。フォークを立てるようにすると、より巻きつけやすくなります。

　ペンネなどのショートパスタは、一口分をフォークの腹にのせて食べますが、すべってのりにくければフォークの先で刺してもかまいません。

パンは、丸かじりしない

パンを丸ごと手に持って、バターを少しずつつけながらかじるのは、みっともない食べ方です。

まずは、バターナイフ（なければ肉用のナイフ）を使って、共用のバターケースからバター一切れを自分のパン皿に取り分けます。それから、パン皿の上でパンを一口大にちぎり、そのつどバターをつけながら口に運ぶようにします。

パン皿がなかったら、パンは自分から向かって左側のテーブル・クロスの上に直接置いてもかまいません。クロスの上にパンくずが散らかっても、気にすることはありません。あとでお店の人がきれいにしてくれます。

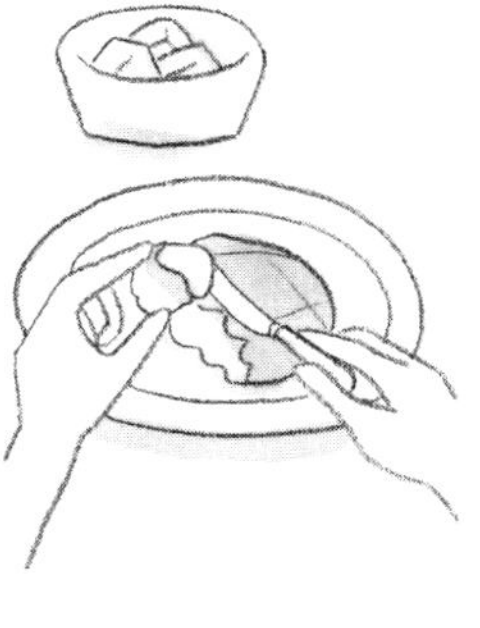

パンは一口大にちぎって、
そのつどバターをつける

魚の骨は、ナイフとフォークではずす

ムニエルなどの魚の骨は、ナイフとフォークで上手に取り除いてからいただきます。

①頭のほうから中骨に沿ってナイフを入れ、上身を骨からはずして上半分を先に手前に置きます。

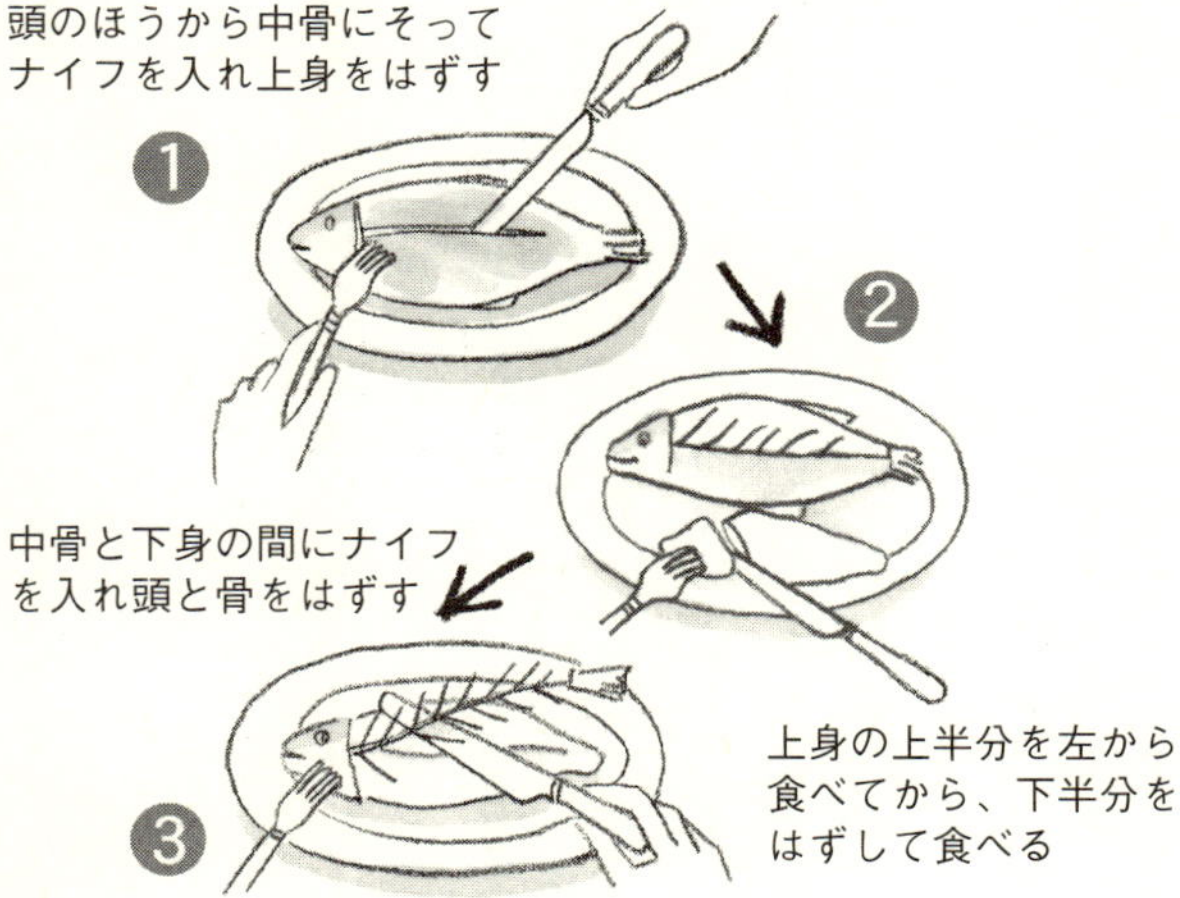
頭のほうから中骨にそって
ナイフを入れ上身をはずす
①
②
中骨と下身の間にナイフ
を入れ頭と骨をはずす
上身の上半分を左から
食べてから、下半分を
はずして食べる
③

②左から一口大に切り、ナイフでソースをからませながら食べてから下半分を食べます。
③上身を食べ終えたら、中骨と下身の間にナイフを入れて中骨をはずし、お皿の向こう側に置いてから下身を食べます。

魚は、ナイフとフォークを使ってひっくり返そうとしないこと。身がくずれたりして、粗相のもとです。

ステーキは、一口大に切りながら食べる

ステーキ肉を、はじめに全部食べやすい大きさに切ってしまって、あとはフォークを右手に持ちかえて口に運んだほうが、たしかに面倒臭くないかもしれません。

しかし、これでは肉汁が出てうま味が逃げ

てしまい、せっかくの焼きたてもすぐに冷めてしまいます。

やはり、おいしくいただくなら、肉の左からそのつど一口大に切り、ナイフでソースをからませながら口に運ぶのがベストです。

小さな骨付き肉は、手づかみしてもよい

骨付きの肉は、つい手づかみでかぶりつきたくなります。気軽な雰囲気の会食で、骨に飾り花がついているような小さな肉でしたら、そこを指先でつまんで口に運ぶこともできます。フィンガーボウルがついていたら、汚れた指先を洗い、しずくはナプキンでぬぐいます。

しかし、大きい骨付き肉は、手に持っていただくわけにいきませんから、ナイフとフォークを上手に使いましょう。骨のあるところをフォークでしっかり押さえ、骨に沿ってナイフを入れて肉を切り離したら、あとはステーキ肉と同じように食べます。

どうしてもナイフで取り切れない肉は、あきらめるのが無難です。どうしてもというときは、骨を両手で持って食べるしか仕方がありませんが、顔をあげて堂々といただくよりは、伏し目がちに。

残ったソースは、パンにつけて食べる

料理にかけられていたおいしいソースがお皿に残ってしまうのは、もったいないことです。ちぎったパンを、できればフォークで刺

してお皿をぬぐい、きれいにいただいてしまいましょう。お皿をなめるのと同じで卑しいという人がいますが、決してそんなことはありません。フランス料理では、ソースは命とも魂《たましい》ともいわれ、心が込められたものですから、そうしたほうがシェフにも喜ばれます。

くし形切りのレモンは覆うように絞る

肉料理や魚料理に添えられたくし形切り（三日月形）のレモン。これをフォークで刺し、右手で覆うようにして絞りかけると、レモンの汁がフォークを伝って流れるので飛び散らないですみます。濡れた指先は、ナプキンでぬぐいます。

いっぽう、輪切りのレモンは、折りたたんで指先で絞りかけるものではありません。料理の上にのせて、ナイフとフォークで押しながら、レモンの風味を料理になじませます。

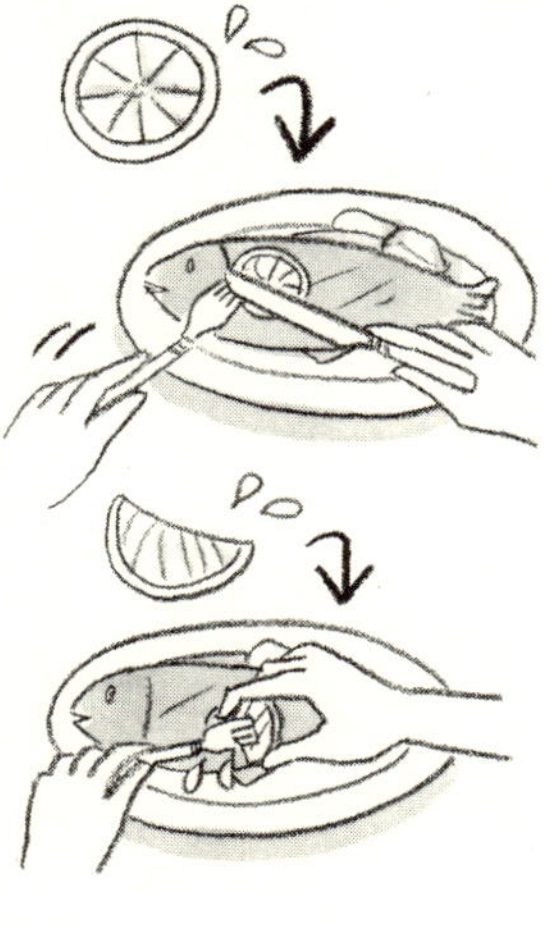
絞り方はレモンのかたちで違う

サラダのレタスは、たたむか切る

サラダに入っているレタスを、大きいまま

少しずつ口の中にたぐり入れようとすると、ドレッシングが口のまわりについたり飛び散ったりして食べにくいですね。

サラダは、肉料理の前後か食べながら、肉用のナイフとフォークを使って食べるものですから、大きいレタスは上手にたたむか、食べやすい大きさに切って口に運びましょう。

サラダが盛られたお皿が遠くて食べにくいときは、メインディッシュのお皿の隅に取り分けます。サラダが小さなボウルで出されたら、フォークを右手に持ちかえて食べてもかまいません。

ピラフは、フォークを壁にしてすくう

ピラフを食べていて、お皿に最後に残った一口分、スプーンではきれいにすくいにくいものです。指先をあててスプーンにのせたり、極端な人はお皿を持って口の中にかきこんだりしていますが、このどちらもやってはいけません。

手元にフォークがあったら、それを立てて壁のようにすることで上手にすくうことがで

少なくなったピラフは
フォークを壁にすると
すくいやすい

きます。

フォークもなく、どうしてもすくうことができなかったら、もったいないことですが、それはもうあきらめるしかありません。残った一口分は、お皿の手前にまとめておくようにします。

カレーのルーは、最初に全部かけない

レストランでは、カレーのルーはご飯にかけないで、別の器に入れて出されることが多いようです。このルーを、はじめに全部かけてもよいのか、2～3口分ずつかけながら食べたほうがよいものか気になるところです。

結論を言えば、はじめにルーを全部かけてはいけません。何回もかけるのは面倒ですが、お皿をあまり汚さずに、美しく食べ終わるということでは理にかなっています。

メロンは、ナイフとフォークで皮をむく

デザートに出されたメロン。レストランでは、両手で持ってかぶりつけませんから、ナイフとフォークで皮から身をはがします。

ナイフとフォークで皮から身をはがし、一口大に切り分ける

まず、メロンの左端をフォークで押さえます。右端から3分の2ほどまで皮に沿ってナイフを入れたらメロンを半回転させて、残った3分の1も身をはがします。そうしてから、左から一口大に切りながら食べます。

ブドウは、手で皮をむいてから口に入れます。種は、手やナプキンで口元を隠してフォークの上に出し、皮と一緒にお皿の隅にまとめておきます。

ウエハースにアイスをつけて食べない

アイスクリームに添えられている長方形のウエハースを、スプーンがわりにして食べている人を見かけます。

本来は、口の中が冷たくなり過ぎないように、アイスクリームと交互に食べるものですので、お間違いなく。

ウエハースをスプーンがわりに使わない

食べかけのウエハースを器に戻すときは、かじった部分が相手から見えないように配慮しましょう。

乾杯のあとは、飲み干さなくてもよい

乾杯は「杯を乾《ほ》す（空にする）」と書くの

で、飲み干さないといけないと思っていたら、それは勘違いです。中国以外では、そういう決まりはありません。

一口飲むだけでOKですし、相手に飲み干すように強要してもいけません。

お酒が飲めないからといって、乾杯に参加しなくてよいというわけではありません。グラスには同じようにお酒をついでもらい、口をつける真似だけでもしましょう。

乾杯のグラスは、あてなくてもよい

乾杯をするとき、わざわざ席を立ってまで同席したすべての人とグラスをあてに行こうとする〝律儀者〟がいます。

親しい人同士ならそれも楽しいひとときですが、正式の場では、乾杯のグラスをあてなくても、失礼にはあたりません。周囲の一人ひとりとアイコンタクトするだけです。だいたい、正式の食事の席では音を立てるものではありませんし、グラスを傷つけてしまわないようにという配慮もあります。

乾杯は、唱和したらグラスを目の高さにあげる→まわりの人とアイコンタクト→一口飲む→唱和した人とアイコンタクト→ふたたびまわりの人とアイコンタクト→静かにグラスを置く、の順です。

どうしてもグラスをあてたいときは、軽く触れる程度にしましょう。乾杯の相手が目上でしたら、自分のグラスは少し下げるように配慮します。

テイスティングの5つのステップ

ソムリエがワインを注ぐと、テイスティング（利《き》き味《み》）を求められます。簡単な手順を覚えておけば、緊張したり、あわててほかの人に頼んだりしないですむでしょう。

①親指・人差し指・中指の指先で、グラスの脚を持ちあげ、向こう側に少し倒してワインの表面の色を見ます。

②グラスに鼻を近づけて香りをかいだら、いったんテーブルの上に置きます。

③グラスの脚を指で挟んで回し、ワインと空気を混ぜてから、もう一度鼻に近づけて香りの変化をたしかめます。

④ワインを口にふくみ、ゆっくり息を吸い込みながら味を見てノドを通します。

⑤ソムリエに向かってニコッと笑うか、「けっこうです」「どうぞ皆さんに」と言えば、このワインはOKというサインになります。

ワインを注《つ》ぐのはソムリエにまかせる

気心が知れた仲間どうしでは、ビールや日本酒、焼酎のときのように、ワインも同席した人たちで注ぎあいながらワイワイ楽しく飲みたいと思うでしょう。気軽に入れるレストランだったら、最初だけ接客係に注いでもらい、「あとは自分たちでやりますから」と告げやすいかもしれません。

しかし、ソムリエがいるお店では、ワインを選ぶのも、注いでもらうのもすべておまか

1
ワインの表面の色を見る
2
香りをかぐ
ワインと空気
を混ぜる
3
香りの変化をたしかめる
4
ワインを口に
ふくむ
5
ソムリエにOKサイン

せしたほうがよいでしょう。せっかくワインのプロがいるのですから、そのサービスを受けるのも、自宅では味わえないおいしさのうちだからです。

ワインを注いでもらうとき、グラスはテーブルに置いたまま。手を添えるのはかまいませんが、持つ必要はありません。

「もうけっこうです」と断るときは、右手の人差し指と中指の指先をグラスのフチに軽くあてます。

気に入らないワインは交換できる？

ソムリエが好みの味のワインを選んでくれるまで、テイスティングは何度でもできると思うのは、大きな間違いです。

テイスティングとは、ワインの味や香りに違和感がないか（傷《いた》んでいないか）、冷え方が十分かどうかをチェックする程度で、ほとんど儀礼的なものです。もちろん、こうしたことに気づいたら、遠慮なくソムリエに伝えてかまいません。

テイスティングをして、どうしても味が気に入らなかったら、別のワインに交換してもらうことはできます。しかし、「この味、好きじゃない」と断ってしまったボトルの分は、いったん栓を開けてしまった以上しっかり請求されますから、その覚悟で。

ナプキンは二つ折りにして使う

レストランで用意されているナプキンは、

折らずにひざの上で大きく広げたり、首から垂らして使うものではありません。二つ折りにして、折り目を手前にしてひざの上に置くのがもっとも一般的です。

口元や指先の汚れは、ひざに近いほうを持ちあげて、その内側でぬぐいます。外側を使うとナプキンの汚れが目立つし、汚れが衣服につくおそれもあるからです。

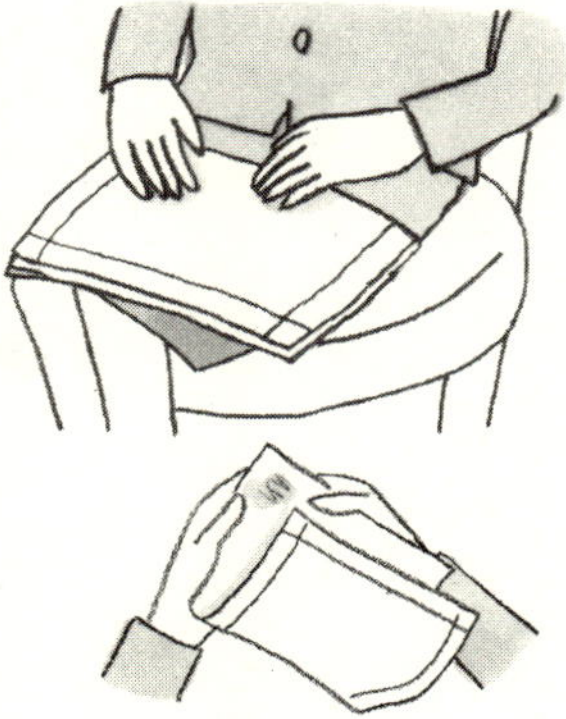

ナプキンは二つ折りにして、
折り目を手前にして置く。
汚れはその内側でぬぐう

ナプキンを広げるベストのタイミングは、注文をすませて、その日の主客（あるいはもっとも目上の人）が広げたのを確認してから。席に着いてすぐにナプキンを広げると、卑しい人と見られてしまいます。

結婚披露宴では、途中で立ちあがって乾杯をすることがよくありますから、乾杯が終わるまでナプキンを広げるのは待ちましょう。

中座するとき、ナプキンは椅子の上に

食事中に中座するとき、ナプキンをテーブルの上に置くのは間違い。椅子の座面の上に

置くか、背もたれにかけるものです。

そして、食事が終わって退席するときは、見苦しくない程度に軽くたたんでテーブルの上のやや左側に置くというのが決まりです。

パンを手でちぎって食べるレストランでは、おしぼりが出ないことが一般的ですから、食事の前には必ず化粧室に行って用を足し、手をきれいに洗って席に着くものとされています。それに、店内をウロウロされては接客サービスのじゃまになりますし、同席している人の気持ちも考えて、食事中の中座はできるだけ控えることが望ましいです。

ナプキンを使わないのはお店に失礼

お店できちんとナプキンが用意されているのに、自分のハンカチやティッシュを使っている人がいます。ナプキンを汚してしまったら申し訳ないという思いがあってのことなのでしょう。

しかし、この行為は「お店のナプキンは、汚くて使えない」ということを示しているのと同じで、お店に対してとても失礼にあたります。ひざの上に置いたナプキンの内側は、汚してしまってかまいません。

グラスの口紅はナプキンで拭《ふ》かない

お化粧をする女性にとっては、ワイングラスのフチについてしまった口紅はとても気になるものですね。これを直接ナプキンで拭き取らないようにしましょう。まずは、指先でぬぐい、指先についた口紅をそっとナプキンの内側で落とします。

できれば、席に着く前にティッシュで唇を押さえて余分な口紅をとっておくと、ワインを飲むたびについた口紅のことを気にする必要はなくなります。

フィンガーボウルでは指先を洗う

骨付き肉や果物など、手が汚れるおそれがあるものと一緒にフィンガーボウルが出されます。使い方がわからず、中の水を飲んでしまった人がいるという話も聞きますが、汚れた指先を洗うためのものです。

注意したいのは、両手をいっぺんに入れないことと、手のひらのほうまで水につけないこと。片手ずつ、指先だけをつけて洗い、しずくはナプキンで拭き取ります。

立ったり座ったりは、椅子の左から

レストランで、立ったり座ったりする人が左右バラバラでは、隣の席の人とぶつかってしまいます。そうならないために、椅子をしっかり引いてから、椅子の左から立ったり座ったりする、という決まりがあります。

昔、日本のテーブル・マナーはイギリス海軍の作法をお手本にしていました。軍人は左腰に剣を下げていて、椅子の右からでは剣がじゃまで動きにくいというのが理由です。

テーブルを離れるときは、椅子をテーブルの下にきちんと戻しておくことも忘れずに。

中国料理店にて

回転卓（ターンテーブル）は時計回りに

円卓を囲むことの多い中国料理ですが、その真ん中にある回転卓を回すときは、時計（右）回りに。

決まりというわけではありませんが、席に着いた人が好き勝手な方向に回しては収拾がつきませんので、時計回りとしたほうが都合がよいからです。ただ、取りたい料理がすぐ左にあるときは、融通をきかせて逆回りでもかまいません。

ほかの人が料理を取り分けている途中ではないか、回転卓の上のお皿などが円卓のグラスや食器とぶつからないかに注意をはらいながら、ゆっくり回します。

立ちあがって料理を取りに行かない

円卓では、必ず座ったままで料理を取り分けるようにします。回転卓にのっている料理が、自分のところになかなか回ってこないからといって、立ちあがってまで取りに行っては、何のために円卓に座っているのかわかりません。

また、隣の人の分まで料理を取り分けてあげるのは、余計なおせっかいというものです。食べるペースは、人それぞれですからね。当日、その席に主客がいたら、その人から料理を取り分け、自分の分だけ取ったら左隣の人のほうに回転卓を回してあげます。

取り皿は遠慮なく注文できる

面倒臭いのでしょうか。なんでもかんでも、1枚の取り皿に料理を取り分けている人がいます。そんなことをしたら味が混ざってしまっておいしくありませんよね。

円卓に積まれている取り皿は、何枚使ってもかまわないものなのです。

サービスの行き届いたお店では、接客係はどのテーブルに対してもきちんと目配りをしていて、使い終わった取り皿はこまめに片づけ、新しい取り皿を持ってきてくれます。もし、足りなくなったら、遠慮なく注文しましょう。

この取り皿も小鉢も、いっさい手に持たずに食べるというのが本場中国流のいただき方です。料理を取り分けるときも、口に運ぶときも、取り皿や小鉢は卓の上に置いたままにしておきます。

取り分けた料理は、残さないでいただく

取り皿に料理を残している人を見ると、なぜ、はじめから食べられる量を取り分けることができなかったのか、とても不思議な気がします。

全体の人数のことを考えて、取り分ける量はできるだけ控えめにし、取り分けた分は残さずにいただくようにしましょう。

全員に行き渡ったあと、まだ大皿に料理が

残っていることがあります。おかわりがしたくなったら、まわりの人にそのことを告げて、再度取り分ければよいのです。

麺は、ちりれんげに受けてから口に運ぶ

ラーメン店で注文した汁麺は、右手の箸で麺をすすり、左手のちりれんげでスープを飲むという食べ方が定番ですが、格式のある中国料理店ではそうはいきません。大きな器に入った麺は、いったんちりれんげの上に受けてから口に運べば、音も立たず、汁も飛び散らないですみます。スープだけをいただくときは、ちりれんげは右手に持ち替えます。

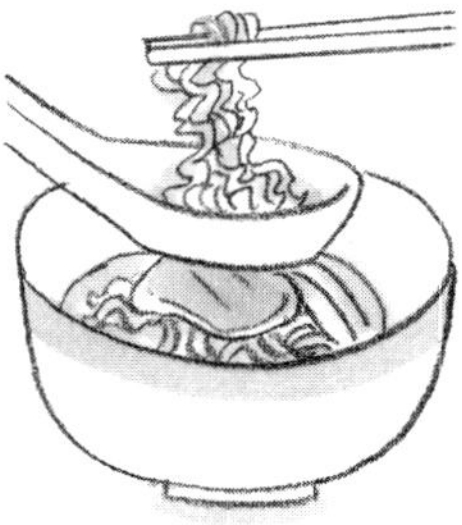

汁麺はいったんちりれんげにのせてから、音を立てずに口に運ぶ

ちりれんげは、口にほぼ垂直にあてる

中国料理につきもののちりれんげは、自由に使ってかまわないと思われているようですが、実は正式な使い方があるのです。

口にあてるのは、ちりれんげの真横からではなく斜め先、口に対してほぼ垂直に。受け皿のように使うときは左手、ご飯類やスープのときは右手で、柄のくぼみに人差し指を入

れ、親指と中指でつまむように持ちます。

柄のくぼみに人差し指を入れ、親指と中指で挟む

大きな食べ物は、一口大に切ってから

大きな食べ物にかぶりつくことは、醍醐《だいご》味《み》があっておいしいのですが、つつましさという点からは、できるだけ控えましょう。

餃子、春巻き、シューマイ、包子《パオズ》（まんじゅう類）など、一口で食べ切れないものは、取り皿の上で、箸で一口大に切ってから口に運びましょう。他人が丸かじりしたあとは、あまり見たくないものです。

急須のフタをずらしてお茶のおかわり

油を使うことが多い中国料理では、食事をしながらの中国茶が欠かせません。お店によっては、急須が空《から》になっても、フタを半分ほどずらしておけばおかわりを持ってきてくれます。飲茶《ヤムチャ》をしながら商談をすることの多い香港などで、わざわざ接客係に声をかけなくてもすむようにと広まった習慣です。

急須ではなく、茶碗の中に茶葉が入っている中国茶の場合は、茶碗を茶托《ちゃたく》ごと左手で持ち、右手でフタを少しずらして茶葉が口に入らないようにして飲みます。

茶葉が茶碗に入っている
中国茶はフタで調節

急須のフタをずらすと
おかわりのサイン

バイキング・立食パーティーにて

食べ切れない量を、取り皿に取らない

あれもこれも食べたいと欲張ってお皿に山盛りにしたり、冷たい料理と温かい料理を1枚のお皿に盛ってしまったら、せっかくの料理も味が混ざっておいしくなくなってしまいます。

バイキングや立食パーティーでは、料理が置かれたテーブルには何度取りに行ってもかまいません。面倒かもしれませんが、お皿には一度に2～3品を目安に、きれいに食べ切れる量だけを取り分けます。

また、どんな料理も1枚の取り皿で間に合わせてしまうのはいただけません。味が混ざりますし、はた目にも見苦しいので、取り皿は使い回しをしないこと。中国料理のときと同じように、料理ごとに新しいものに替えましょう。

歩きながら料理をつまんではいけません

し、お皿を持ってあとずさりするのも粗相のもとです。

取り皿は大盛りにしない

料理テーブルの前で立ち止まらない

料理をいただく席が決められてるバイキングではこういうことはないでしょうが、パーティー会場で料理が置かれたテーブルの前を占領されたら、ほかの人は料理が取りにくいことこの上ありません。

あれこれ迷わないで料理を取り分けたら、料理テーブルの前からはすみやかに立ち去るようにしましょう。パーティー会場で立ち止まってはいけないのは、料理テーブルの前、バー（飲み物テーブル）の前、出入口の付近とされています。

もちろん、料理テーブルの近くでの喫煙は、携帯用の灰皿を持参していても控えます。必ず、灰皿が置かれた喫煙スペースで。

使った食器類は料理テーブルにのせない

できたての料理が並べられている料理テー

ブルの上に、だれかが使った取り皿、箸、ナイフやフォーク、飲みかけのグラスなどが置かれていることがあります。とても無神経なふるまいです。

使った食器類は、飲食用の小さなテーブルに置くか、会場のサービス係に直接手渡しします。紙ナプキンは軽くたたんで、お皿の下に端を押さえるように置くか、持ち帰ります。

壁際の椅子の席取りをしない

パーティー会場に入ると、周囲の壁際に椅子が置かれています。高齢者や疲れた人のためですから、バッグなどを置いて席取りをしたり、はじめから座りっぱなしで、特定の人だけのグループをつくって勝手に盛りあがることもやめましょう。

また、立食パーティーは、飲食をすることよりも会話を楽しんだり親交を深めることが優先される場といえます。壁際に一人ぽつんと立っていないで、積極的に会話に加わるようにします。

グラスとお皿は左手でまとめて持つ

左手に料理をのせたお皿、右手にグラスを持つと、両手がふさがってしまって料理を食べることができません。片手で、お皿とグラスをまとめて持つ方法を覚えておくと、パーティー会場では重宝します。

ワイングラスの場合は、グラスの底をお皿のフチにのせてから親指と人差し指でグラスの脚をつかみ、残りの中指・薬指・小指でお皿を下から支えます。ふつうのグラスの場合は、グラスの底を紙ナプキンで覆って手のひらの上にのせ、親指・人差し指・中指でお皿を挟んで持ちます。

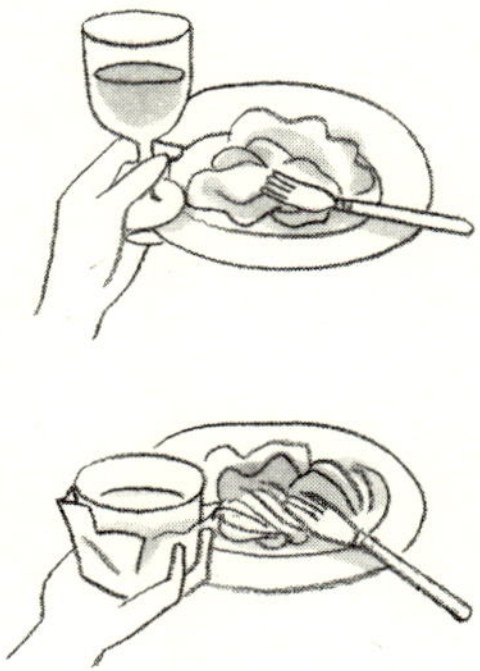

パーティー会場では、お皿とグラスをまとめて持つと便利

二章　日々の暮らしをなめらかにする、お見舞い・贈答・弔事

お見舞い

病気見舞いは、家族の了解を得てから

親しい人が入院したと知って、すぐお見舞いに駆けつけたい気持ちはわかりますが、実はあまり感心できることではありません。

入院や手術の直後であわただしかったり、症状を他人に知られたくない、ベッドに横たわっている姿を見られたくないという思いもあるでしょう。そんなときに強引に押しかけられたら相手は迷惑でしょうし、いっそう落ち込んでしまうことだってあり得ます。

病気のお見舞いに行く前には、必ず家族に連絡をして病状や様子を聞き、行ってもかまわないか了解を得てからにします。

病気見舞いの時間は15分

入院しているとさぞかし退屈しているだろうとの思いから、ついつい長居をしてしまいがちです。

病状などによってケース・バイ・ケースではありますが、病人を疲れさせないよう、また病室には、個室でない限りほかの患者さんもいるわけですから、お見舞いの時間は15分、長くても30分くらいを目安にします。

大人数で一度にどっと押しかけないこと。同室のほかの患者さんにも、「お大事に」などのあいさつを忘れないこと。病室のドアの開閉や、履物の音が床に響かないかにも気を

つかいましょう。

「面会謝絶」でもお見舞いには行ける

「面会謝絶」ということは、かなりの重病なので本人に面会できない、だからお見舞いに行ってはいけない、と勝手に決めつけてしまうのは間違いです。

本人に会えなくても、付き添っている家族をねぎらい、励まし、早い回復を祈っていることを伝えることもお見舞いです。仮に家族に会うことができなくても、花にメッセージ・カードを添えてナース・ステーションに預けることによって、お見舞いの気持ちを伝えることはできるでしょう。

ケース・バイ・ケースではありますが、「面会謝絶」は、イコール「お見舞いお断り」とは限りません。

香りの強い花は持参しない

病気のお見舞いに花はつきものですが、どんな花でもOKというわけにはいきません。

香りの強いユリ、花が首から落ちて不吉な椿、「死」と「苦」を連想するシクラメン、葬式のイメージが強い菊、色があせやすいアジサイ、血に似ている真紅の花、「寝付く」につながる鉢植えは、昔も今もお見舞いに不向きな花に変わりありません。アレルギーの関係で、花はお断りという病院もありますので注意しましょう。

小さな籠《かご》にオアシス（生花用のスポンジ）

を入れて切り花をアレンジメントしたものがおすすめ。すぐに飾れますし、毎日水を替える手間が省け、置く場所もとりません。

贈答

自分でする内祝い、周囲がする快気祝い

病気が治ったあとのお祝いには、内祝いと快気祝いがありますが、この二つ、どうも混同されているようです。

内祝いは、退院や床上《とこあ》げをしてから10日以内に、お見舞いをいただいた人やお世話になった人を招いて祝い膳を囲み、本人自らが全快の報告とお礼をするものです。今では、祝い膳を囲むよりお返しの品を贈ることがほとんどです。このときの表書きは、「快気祝」ではなく「快気内祝」ですので注意しましょう。

いっぽうの快気祝いは、「元気になってよかったね」とまわりの人が席をもうけるもので、このあたりを勘違いしている人が多いようです。

表書きは「寸志」より「松の葉」

相手にものを贈るときの「粗品」と同じように、現金や商品券を贈るときには「寸志」という表書きをよく使います。「ほんのわずかな気持ち」という意味ですが、目下の人が目上の人に対して「寸志」を使うのはとても

尊大な気がします。

かわりに、「松の葉」を使ってみてはいかがでしょう。「松の葉を包むほどのわずかな志《こころざし》です」という意味です。

この表書きは、ほかにも、渡すタイミングを逃してしまった結婚祝いや、上司が部下たちの集《つど》いに足す会費など、名目が立ちづらいお金を贈るときにも役立ちます。

あらたまった贈り物の水引は、結び切り

祝儀袋や香典袋、贈り物の箱の上に結ばれているのが水引です。水引の結び方をよく見ると、結び切りと蝶《ちょう》結びがあり、どう使い分けたらよいのかわかりにくいものです。

そこで単純に、人生に一度しかない贈り物（結婚、葬式、病気見舞い）のときは結び切り、それ以外（出産祝い、新築祝い、お中元、お歳暮など）は蝶結びにすると覚えておくとわかりやすいでしょう。

結び切りは、一度結んだらほどけないというところから、「一生に一度だけ、これっきり」という意味で、蝶結びには、すぐほどけるというところから、「何度あってもよい」という意味で使われるようになっています。

結び切りの水引

蝶結びの水引

喪中《もちゅう》でも、お中元・お歳暮はＯＫ

お世話になっている習いごとの先生には、毎年必ずお中元を贈っていました。ところが、年のはじめに先生の身内に不幸があったので、今年は喪中のはず。先生に、お中元を贈ってよいものか迷うところです。

結論を先に言えば、相手が喪中でも、お中元やお歳暮は贈ってもかまいません。いずれも日ごろの感謝の気持ちを表すもので、お祝いごとではないからです。

お中元やお歳暮といった名目では気が引けるようでしたら、時期を少しずらして「暑中御伺」や「寒中御伺」として贈るとよいでしょう。

お中元・お歳暮には、贈る時期がある

お中元は、親や兄弟、親類、結婚式の仲人《なこうど》や恩師、会社の上司や仕事の取引先など、日ごろお世話になっている人へのお礼やあいさつとして、夏に贈るもの。6月の下旬から7月15日までに先方に届くようにします（地域によっては、1ヵ月遅れて贈る場合があります）。

いっぽうお歳暮は、お世話になった人への年末のお礼やあいさつ。正月の準備にかかる「事始め」にあたる12月13日から20日ぐらいの間に届くように贈ります。お正月用のお餅や生鮮食品は、30日ぐらいまでに届いてもかまいません。

お歳暮のほうが重要なあいさつですので、お中元を贈った相手には必ず贈ります。お中元を出さなかった人に、お歳暮だけ贈ってもかまいません。

お中元・お歳暮を贈る時期を逃したら

贈ったつもりが贈っていなかったことに気づいたりして、つい贈る時期を逃してしまったらどうすればよいのでしょうか。お中元やお歳暮という表書きはもう使えませんから、名目を変えて贈るしかありません。

そこで、お中元は「暑中御見舞」（目上の方に対しては「暑中御伺」）とし、立秋（8月8日ごろ）が過ぎたら「残暑御見舞」（目上の方には「残暑御伺」）とします。お歳暮の場合は、「御年賀」に変えて、松の内（元旦から1月7日まで）に相手に届くように贈るとよいでしょう。

お中元・お歳暮をやめたいときは

これまで毎年欠かさずお中元やお歳暮を贈っていた人に対して、突然贈るのをやめてしまうのは勇気がいることです。

しかし、おつきあいが疎遠《そえん》になってしまった相手に贈り続けることは、お互いに気がねが生じがちです。もうすでに、お礼の気持ちは十分伝えたという思いがあったら、思い切ってやめてしまってかまわないでしょう。

唐突にやめてしまったという印象をどうしても与えたくなかったら、お中元やお歳暮という名目にはしないまでも、お年賀にしたり、旅行したときのおみやげを贈るなどして引き続き感謝の気持ちを伝えることはできるでしょう。

お中元・お歳暮にお返しはいらない

お中元やお歳暮を、いただきっぱなしのまま何もしなくてよいのかどうか気になるところです。

しかし、どちらも日ごろお世話になっていることへの感謝の気持ちを伝えるものですから、感謝に感謝のやりとりを重ねていては、いつまでたってもキリがありません。お中元とお歳暮については、お返しをする必要はありません。

もし、目上の人から届いたり、お世話の度合いがお互い様というときや、いただき過ぎが気になるといったときは、半返し、あるいは三分返しをすることがありますが、お中元やお歳暮という名目は避けます。

お返しの品物はすぐに贈らない

贈り物をした相手からお返しの品物がすぐに届いたら、かなり気をつかわせてしまったようで贈ったのが悪かったのでは、という気になりませんか。それに、お返しがすばやく届くと、どことなく型通りという印象はまぬがれません。

お返しをするタイミングは、1週間では早過ぎますし、1ヵ月を過ぎてしまっては遅過ぎます。できれば、3週間以上1ヵ月以内がベストです。

もし、お返しのタイミングを逃したときは、遅れたことの非礼を詫びた一筆を添えましょう。

相手からは、「くれぐれも、お返しのことは気にしないで」と言われることがあります。いろいろ気づかってくれてのことでしょうが、建て前ということもあります。真《ま》に受けて何もしないよりは、やはりこのタイミングでお返しはきちんとしたほうがよいと思います。

お礼の気持ちは3日以内に伝える

お中元やお歳暮にお返しはいらないとはいっても、いただきっぱなしで何もしなくてもよいわけではありません。電話でも、郵便でも、メールでもかまいませんから、「ありがとう」の気持ちは必ず伝えます。

時間がたってしまうと感謝の気持ちが薄れてしまいますから、あまり間をおかず、できれば品物が届いてから3日以内に。

封書でお礼状を出すのがもっともていねいな方法ですし、目上の方にハガキで出すのはできるだけ避けましょう。もし、ハガキで出す場合には、「ハガキにて失礼いたします」のひと言は必ず添えます。カードに書いて、封筒に入れて出す方法もあります。

メールを送るときのポイント

受信した人が画面上で読みやすいことを配慮して、次のポイントを守りましょう。

①宛先には、相手のアドレスをよく確認して入力します。

②宛名以外の人にも同じメールを送りたいときは、CC（カーボン・コピー）にアドレスを入力します。

③CCでは、宛名以外に誰にメールを送ったかが相手にわかってしまうので、それを隠したいときにはBCCにアドレスを入力します。

④件名は、内容がひと目でわかるように具体的に書きます。

⑤受信者がすぐに自分宛と確認できるように文頭には「○○様」と宛名を忘れずに。

⑥内容に応じて「お世話になっております」「お元気ですか」といった簡単なあいさつを入れます。

⑦用件は簡潔にわかりやすく。1行は全角で30～35字、1メール20行を目安にします。

⑧改行して適度な余白をつくります。

⑨最後に必ず署名を入れます。署名のデータを登録しておくと便利です。

送信前には、必ず誤字・脱字をチェック。

受け取ったメールを返信するときは、件名はきちんと書き直し、ぶら下がらないように相手のメールは消去します。

大容量のファイルを一挙に送らないこと。

HTML形式ではメールが開かないことがあるので、できるだけテキスト形式で送信を。

メールの書き方の例

① 宛名：○○○@○○○.co.jp

② CC：

③ BCC：

④ 件名：新製品のご説明日時の件

⑤ ○○○○様

⑥ お世話になっております。

⑦ 先日打ち合わせをさせていただきました新製品のご説明の件は、予定通り、弊社にて開催をしたいと存じます。
確認のため、日時をお送りいたします。

⑧

日時　2005年9月26日（月）午後2時より
場所　弊社5階 第一会議室

⑧

ご都合をおうかがいいたしたく、9月19日（月）までにご連絡をいただければ幸いです。

よろしくお願いをいたします。

⑨ 株式会社□□□□
宣伝部 □□担当　□□□□
〒□□
東京都□□区□□□□□□
TEL 03-□□-□□　FAX 03-□□-□□
E-mail □□□@□□.co.jp

急ぎの用件は、メールではなく電話で

メールは、リアルタイムに送受信できるというメリットがあり、インターネットの普及とともに利用する人が急増しています。

しかし、受け取る側がパソコンのメールソフトを開かない限り、届いたことは確認できませんから、急ぎの用件は直接電話（またはファックス）で伝えるほうが確実でしょう。

また、メールはカジュアルですので、何をどんなふうに書いてもかまわないといったような風潮が見受けられます。ついつい軽薄とか型通りという印象をもたれがちですので、あらたまった用件のときには配慮が必要です。届いたメールの返信はその日のうちに。

お礼状は、かたちにとらわれずに

手紙を書くのが苦手という人が多いですね。きちんと書かなければいけないという思いが先走って、かたちにとらわれ過ぎているからではないでしょうか。

「時下《じか》益々《ますます》御清祥《ごせいしょう》のことと御慶《およろこ》び申しあげます」といった書き出しでは、いかにも手紙の書き方の本から引用したようで、表現がかた過ぎます。素直な話し言葉でていねいに書けば、きっと感謝の気持ちは伝わります。

ただ、ふつうの手紙での「拝啓」に「敬具」、ていねいな手紙での「謹啓」に「謹白」、前文を省略する場合の「前略」に「草々」、返信の場合の「拝復」に「敬具」と

いうように、よく使われる頭語と結語の関係だけは間違えないように。以下の4つのパートにまとめるのが、上手に書くコツです。

①「前文」

頭語（拝啓など）、時候のあいさつ。相手の安否を気づかい、自分の安否を伝えます。

②「主文」

「さて」「つきまして」など起こしの言葉のあとに、感謝の気持ちやいただいた品物への感想など、主な目的や用件を簡潔に書きます。

③「末文」

相手やその家族の健康、繁栄を祈っているむねを書きます。

④「あと付け」

結語（敬具など）、日付・署名・宛名（敬称）でしめくくります。

お礼状は、ワープロでもかまわない

「字があまり上手ではありません。恥ずかしいので、お礼状をワープロで書いてはダメですか」という質問を受けることがあります。

気持ちを込めるということでは、字が下手でもていねいに手書きをしたほうが望ましく、相手に伝わる度合いも違ってくるでしょうが、ワープロはまったくダメということではありません。ワープロで書いても、お礼状を出さないよりはずっとマシです。

欧米では、タイプで打った手紙には必ず自筆でサインをしています。文面はワープロで書いたとしても、自分の名前だけは手書きにしましょう。

●お中元のお礼状の例（親しい間柄の場合）

①　暑中お見舞い申しあげます。

猛暑の折、お元気でお過ごしのことと存じます。

②　さて、このたびお中元のごあいさつをいただきました。

お心づかい、誠にありがとうございました。

さっそく家族皆でおいしくいただきました。とくに主人は、

ことのほか大好物で、たいへん喜んでおりました。

③　時節柄、くれぐれもご自愛のほど、お祈りいたしております。

右御礼と暑さお見舞い申し上げます。

④　七月二十日

岩下　宣子

田中　三郎様

●お歳暮のお礼状の例（あらたまった間柄の場合）

①拝啓　寒冷の候、おすこやかにお過ごしのことと存じます。
お陰様で、私どもも元気にしております。

②さて、このたびは誠にけっこうなお品を頂戴いたしまして、
たいへん恐縮しております。さすがに名品なだけあって味も格別で、
たいへんありがたく賞味させていただきました。
日ごろからお世話になっているばかりでなく、
このようなお心づかいをいただいたことに心より感謝いたします。

③何かとあわただしい年の瀬ではございますが、
ご家族の皆様のご健康をお祈り申しあげております。

敬具

④十二月二十日

岩下　宣子

山田　様

便箋1枚だけでも失礼ではない

「便箋1枚で終わったら、もう1枚、白紙の便箋を添えないと相手に失礼です」と教えられたことはありませんか。実はその必要はなく、便箋は1枚だけでもかまいません。

　手紙のもとは巻紙でしたが、その巻紙を包む外包みの枚数が、弔事では1枚、慶事《けいじ》では2枚でした。そのことが頭にあって、便箋も弔事と同じ1枚では失礼というならわしになったのでしょう。

　どうしても1枚が気になるのでしたら、文章を工夫して2枚にするしかありませんが、2枚目は日付と署名だけということにはならないように。

　書き終わったら、文面を内側にして、折り目が斜めにならないように三つ折りにして封筒に入れるのが一般的です。

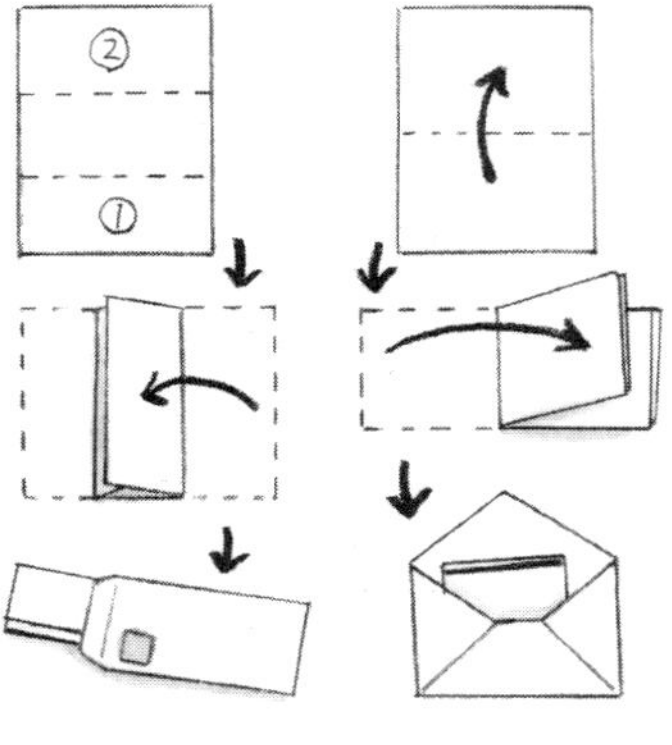

洋封筒は便箋を四つ折り

和封筒は便箋を三つ折り

連名のとき、「様」は省略しない

相手のご夫婦ともにお礼の気持ちを伝えたいとき、お礼状の宛名も夫婦連名にすることがよくあります。そのとき、二人の宛名の下に「様」を一つしか書かないと、どちらか一人を呼び捨てにするのと同じになってしまいます。夫婦は二人で一組とはいっても、「様」は敬称ですから、省略しないで個人名ごとに添えましょう。

「さま」と平仮名で書くのは、目上の人が目下の人に対して使うものです。

古い敬称の「殿」は、「〇〇社長殿」というように役職につけるものですが、二重の敬称になりますので、「社長〇〇様」としたほうがよいでしょう。

「御中」は、組織の敬称ではない

最近いただく手紙の宛名に、「現代礼法研究所御中　岩下宣子様」と書かれたものが目立ちますが、この書き方は間違いです。

「御中」は、その組織（会社）に出したいけど、特定の個人名がわからないときに「現代礼法研究所御中」と書くもので、組織に対する敬称ではありません。そこを勘違いしている人が多いようです。

個人名がわかっているこの場合は、「現代礼法研究所　岩下宣子様」という書き方でよいのです。

「御中」は、宛名の最後の字と御の字が並ぶように左側にずらして書くのが正式ですが、最近は宛名の下に続けて書くことが多くなっています。

「御中」と並んでよく使われる「各位」は、「○○会」のように相手が複数のとき、「先生」は、相手が教師や医師のときの敬称です。

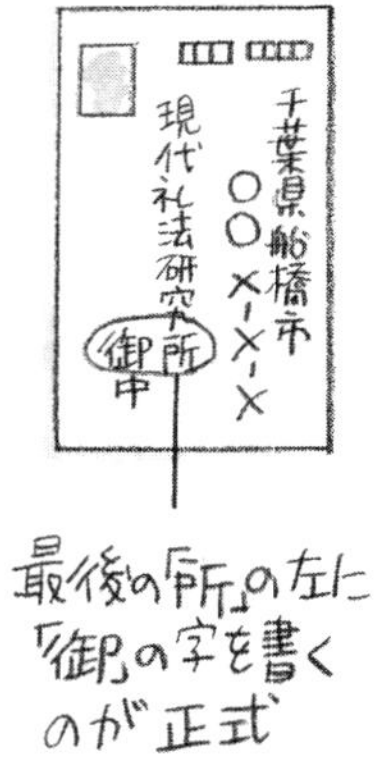

弔事

通夜の服装は自由に

「亡くなるのを待っていたみたい」という理由で、通夜に喪服を着て行くべきではないというのが本来の考え方です。

通夜は葬式のような儀式ではないので、服装は地味できちんとしたものでかまいません。葬式に出られないので、通夜で故人と最後のお別れがしたいという人はやはり喪服で参列したいでしょうし、仕事先から駆けつけた人は外出着にならざるを得ません。

服装より気持ちや事情を尊重して、寛大な目で見てあげたほうがよいでしょう。

ネクタイを黒に替えるだけでＯＫ

仕事が終わってから通夜に参列しなければならないことはよくありますね。そのために朝から喪服を着て仕事はできませんし、喪服を持って出勤してあとで着替えるのもたいへんです。

その日はできるだけ地味な色のビジネススーツに白の無地のワイシャツを着用し、仕事が終わったら黒のネクタイに締め替えるだけでＯＫです。

よく、黒の腕章をして参列する方を見かけます。欧米では、同じ黒い喪服を着ていてわかりにくいため、遺族と参列者を区別するため、遺族側が腕章やリボンをつけるのだそうです。それが日本には誤って伝わってしまったのでしょう。腕章は、参列者がするものではありません。

通夜ぶるまいには必ず箸をつける

通夜でお焼香《しょうこう》をすませたあと、別室での通夜ぶるまい（飲食）をすすめられることがあります。よほどの事情がない限り、遠慮してはいけません。

亡くなって24時間以内ならば、細胞のどこかがまだ生きています。そのような状態で迎えた通夜は、故人にとってこの世での最後の夜ということになります。通夜ぶるまいを断るということは、故人との最後の食事を断ることです。わずかでも、箸をつけるようにしますが、長居をしたり飲み過ぎは禁物です。

形式が間違っている香典袋は渡さない

ハスの模様が描かれた仏式の香典袋を用意して葬式に参列したところ、形式がほかの宗教だったり無宗教だったらどうしましょう。日本では、仏式が圧倒的に多いので、つい選んでしまうのは無理もないことですが、正直あわててしまいますね。

まさか、そのまま渡してしまうわけにはいきませんから、その日は受付で記帳するだけにして、香典袋は後日届けるか、郵送するようにします。

通夜や葬式がどんな形式であるかがわからなかったら、こういったことにならないようにするためにも、事前に電話で確認することは失礼にはあたりません。

「御供料《おそなえりょう》」は、宗教を問わない

弔事の表書きは、宗教・宗派などの形式によって違います。仏式では、四十九日の法要までが「御《ご》霊前《れいぜん》」（浄土真宗を除く）、それ以降は「御《ご》仏前《ぶつぜん》」、法要のときは「御《お》香料《こうりょう》」。神式では「御榊料《おさかきりょう》」や「玉串料《たまぐしりょう》」、キリスト教式は「御《お》花料《はなりょう》」です。

しかし、無地の袋に「御供料」と書くと、「故人の好きだったものを供えて」という意味になり、仏式でもキリスト教式でも、無宗教のお別れの会や偲《しの》ぶ会でもオールマイティに使えて便利です。

香典を参列者に預けてもかまわない

仕事の都合で、どうしても通夜や葬式に参列できないときは、参列する人に香典を預けて渡してもらっても問題はありません。

ただ、それだけではそっけないので、別途弔電を打ったり、後日遺族にお悔やみの手紙を送って弔意を伝えてはいかがでしょう。

香典を預かった人は、預けた人の分の会葬《かいそう》御礼《おんれい》は忘れずに受け取って、あとで渡すようにします。

香典袋は、むき出しで持参しない

スーツの内ポケットから、むき出しのままの香典袋を取り出して受付で渡している人が多いですね。しかも、香典袋を買ったときのビニール袋に戻してあって、受付の前でビリビリと開けるなんて信じられません。

相手に差しあげるものですから、折ったり汚したりしないように必ずふくさに包んで持

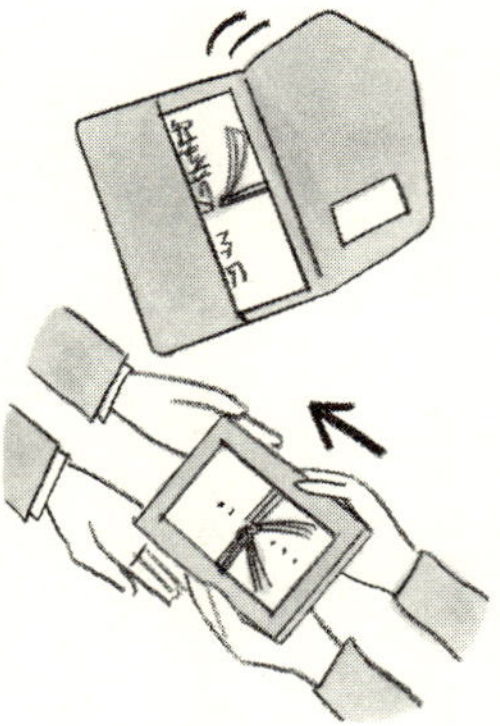

挟みふくさなら手軽。ふくさの上にのせて香典袋を差し出す

参します。

紫色のふくさを一つ手に入れておけば、慶弔どちらにも使えますし、挟んで入れるだけの〝挟みふくさ〟でしたら、慶弔により包み分ける面倒もありません。香典袋を、たたんだふくさの上にのせて差し出すようにすれば、相手に対する配慮が感じられます。

香典袋の名前は必ずフルネームで

香典袋の下の名前は、名字だけ書けばよいと思ってはいませんか。「名字を書くだけで、相手は当然わかるはずだ」というのは、どこか尊大なニュアンスですし、ほかに同姓の参列者がいたらまぎらわしく、受付係を混乱させてしまいます。

香典袋の下の名前は、必ずフルネームで書きましょう。夫婦連名にする場合は、ご主人は姓を省略しないでフルネームで書き、奥様は名前だけでもかまいません。

ゴム印を押したり、ボールペンで書くのはとても失礼なことです。字が下手でも、筆ペンかサインペンを使いていねいに書きます（正式には、弔事のときは薄墨《うすずみ》、慶事のときは濃墨《こいずみ》で書くものとされていますが）。

社名や肩書は、名前の右上に、やや小さめの文字で書き添えます。

代理で出席したら「代」と書き添える

通夜や葬式に出席できないとき、夫のかわりに妻が、上司のかわりに部下が代理で出席することがよくあります。受付で芳名帳《ほうめいちょう》にはどのように記帳したらよいのでしょうか。

出席した代理人がつい自分の名前を書いてしまいがちですが、それはいけません。妻は夫の名前を、部下は上司の名前を書き、その左下に「代」と書き添えます。

上司から名刺を預かってきた場合には、名刺の右上に「弔」と書き、左下を折り曲げて香典袋に添えて渡します（最近は、折り曲げないようです）。出席した代理人自身の名刺を渡すときは、名刺の右上に「代理」と書くことを忘れずに。

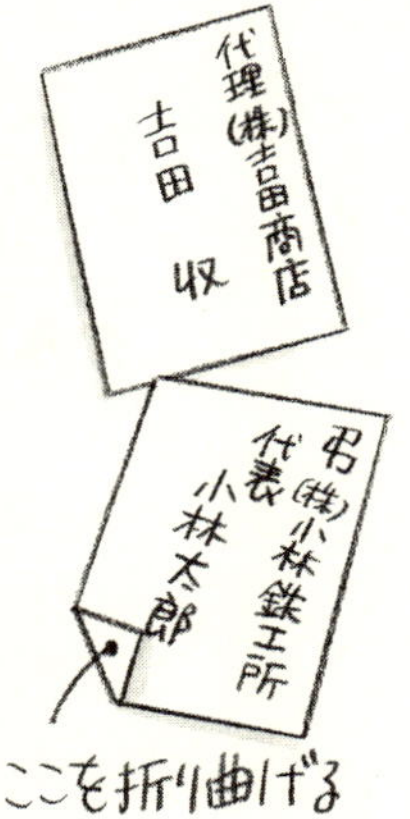

弔事のとき、〝のし〟はつけない

葬式から戻って会葬御礼の品を見たら、黒く印刷された〝のし〟のシールが貼られていて、ビックリしたことがあります。弔事のときは、〝のし〟はいっさいつけてはいけないというのが決まりのはずだったからです。

慶事のときには赤い〝のし〟をつけますので、弔事だから黒にすればよいだろうと、どなたかがつくったのでしょうが、赤とか黒という色の問題ではないのです。

また、殺生《せっしょう》を避けるという意味から、弔事

のときには肉（ハム）や卵、かつお節などの海産物を贈ってはならないとされていますし、海産物を贈るときにも〝のし〟はつけるものではありません。

焼香で抹香《まっこう》をたくとき、回数は1回

仏式では、祭壇に向かって焼香をします。故人の霊を清めて、仏に帰依《きえ》することを念じるためのものです。線香を立てる場合と、抹香をたく場合がありますが、ここでその手順を心得ておくと安心です。

抹香は、親指・人差し指・中指の3本の指先でつまみます。からだを少し前かがみにし、指先が真横になるように向け、額のほうに少し近づけてから指先を下げて、香炉の中に静かに落とします。最後に遺影に向かって合掌します。

つまんで落とす動作を何回くり返すかは宗派によって違いますが、一心不乱に祈る態度を表すということで、心を込めて1回でかまいません。会葬者が多いとき、「1回でお願いします」と会場の係から指示されることがありますので、ほかの会葬者に合わせるとよ

右手の3本の指で
抹香をつまみ
額のあたりまで
捧げ、静かに
香炉の中に
落とし
ます

いでしょう。焼香をする前後に、僧侶や遺族に一礼することも怠りなく。

焼香で立てる線香は1本

焼香のときに立てる線香の数は、抹香の1回と同じように、1本の場合がほとんどです。宗派によっては1本を折って2本にして立てることもあります。よくわからなかったら、ほかの参列者に合わせます。

手順は、まず右手で線香を1本手に取り、ろうそくにかざして火をつけます。火のついた線香を左手に持ちかえ、右手であおいで炎を消します。口で吹いて消してはいけません。ふたたび線香を右手に持ちかえて香炉に立てます（浄土真宗では寝かせます）。最後に、遺影に向かって合掌します。

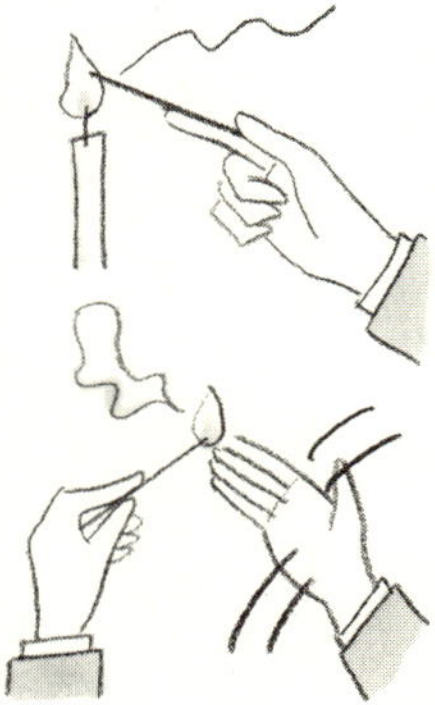

線香は右手で火をつけ、右手であおいで炎を消す

焼香するとき、数珠は左手にかける

神式やキリスト教式の葬式に、数珠（念珠）を持って参列するのはおかしいですね。数珠は、仏式のときにだけ持参するものですが、

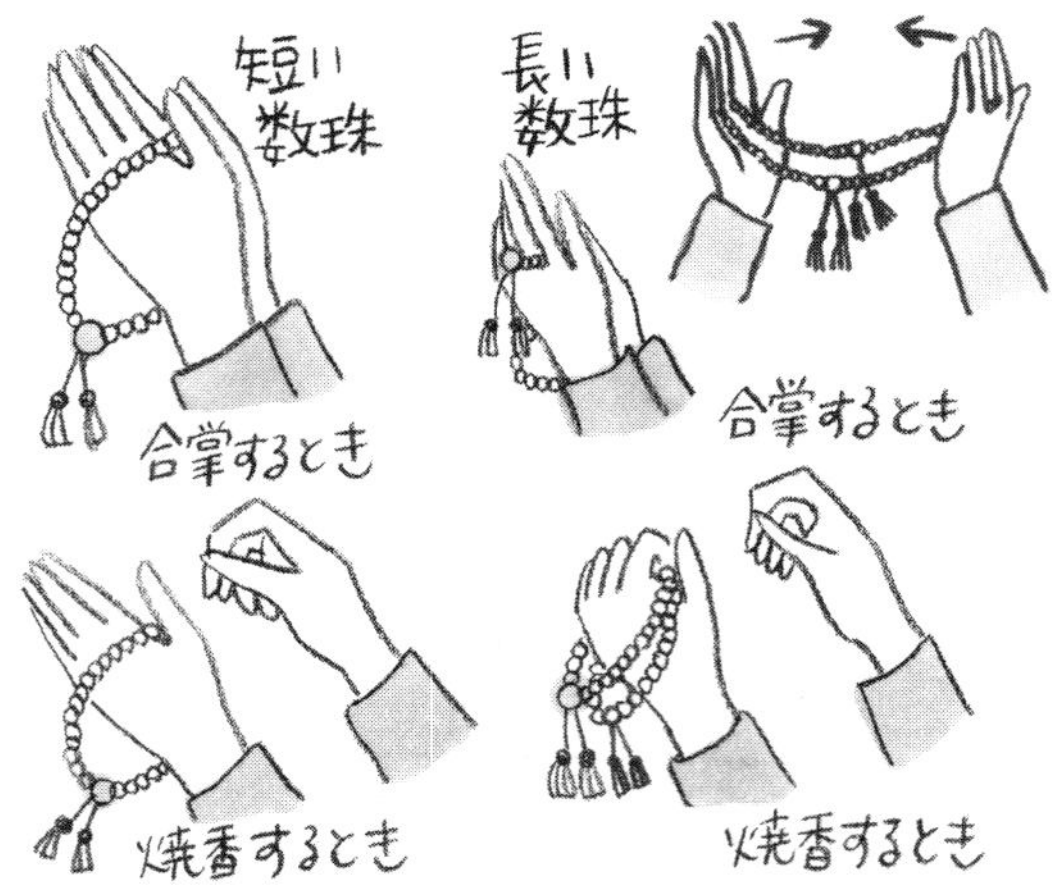

参列する人自身が仏教徒でなかったら、その必要はありません。

焼香するときは、短い数珠は左手の親指と人差し指の間にかけ、長い数珠は二重にして同じようにかけます。

合掌するときは、短い数珠は両手の親指と人差し指の間にかけ、長い数珠は両手の中指にかけ直します。

そのとき、房が一つのものは中央に、二つのものは両手の中指の下に下がるようにします。

献花も玉串も、茎を祭壇に向ける

仏式では焼香ですが、キリスト教式では献花、神式では玉串を捧げます。受け取った花も玉串も、茎を祭壇に向けて置きます。

①玉串は、両手で下から支えるようにして受け取ります。腰より下げないように注意して玉串案の前に進み、一礼します。

②右手だけ茎を上からに持ちかえ、右手首をひねるようにして時計回りに回します。

③そうすると、右手は自然に下から茎を持つかたちになります。

④右手の下に左手を移動し、その左手を使って茎をさらに時計回りに回します。

⑤茎を祭壇に向けて玉串案に供えます。音を立てないようにして〝二礼二拍手一礼（2回礼をしてから2回忍び手を打ち1回礼をする）〟をして2～3歩下がります。最後に、遺族に一礼して席に戻ります。

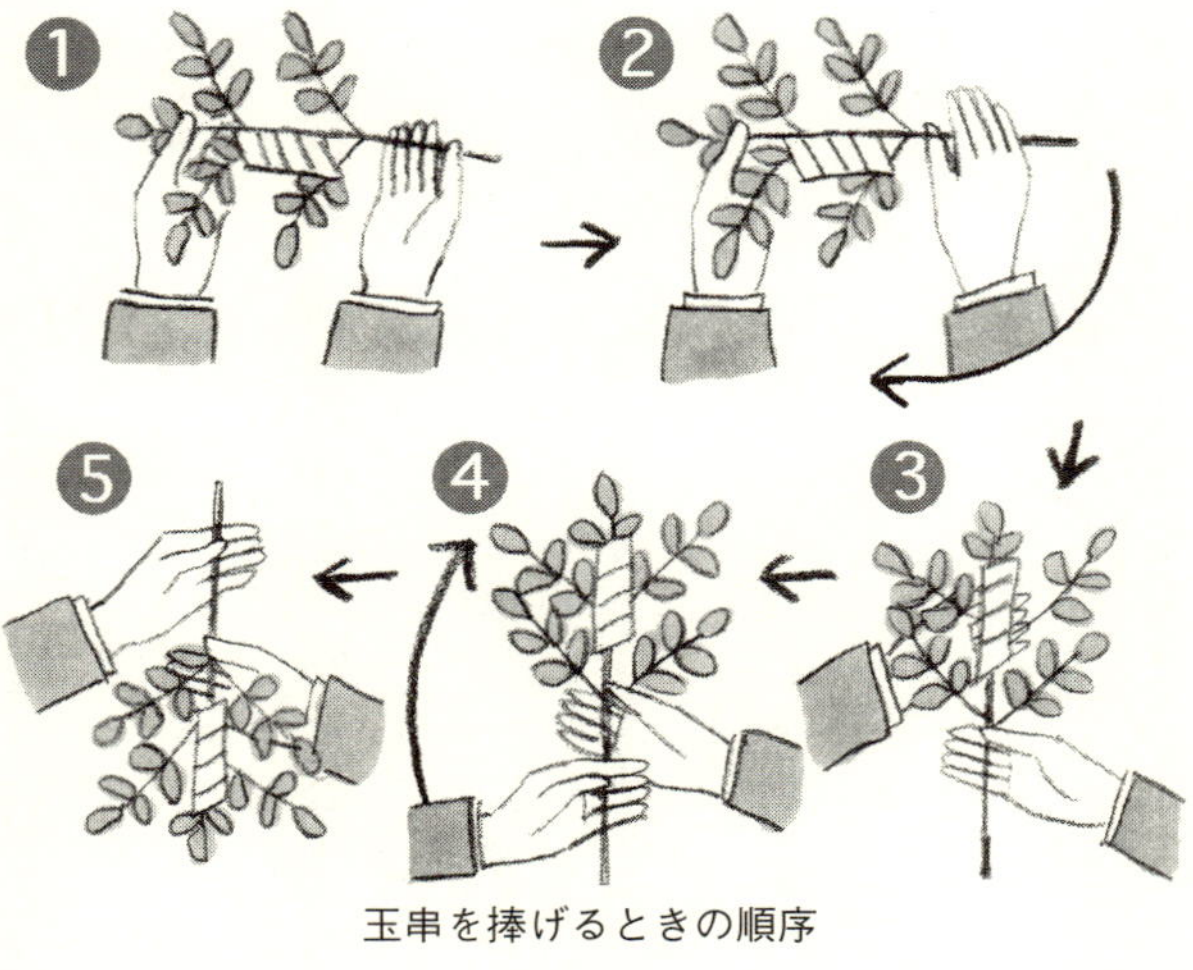

玉串を捧げるときの順序

清めの塩は、玄関先でかける

火葬場や通夜、葬式から戻ったとき、家に入る前にからだに塩を振る光景をよく見かけることがあるでしょう。これは清めの儀式で、もともとは死を穢《けが》れとする神道のしきたりでした。

死を穢れとしない仏教では、最近は行わない傾向が強くなっているようですし、気分的なものなので、やってもやらなくても、まったく気にしないという人もいます。

それでも、清めの塩はやらないと気持ちが悪いという人は、会葬御礼に添えられている塩か自宅にある塩を、玄関先で家の人にかけてもらうか、一人のときは自分でかけます。

まず、胸と肩、次に背中、最後に足もとの順にかけ、塩をよくはらってから家の中に入ります。

訃《ふ》報《ほう》は、無理をしてまで知らせない

知人が亡くなったという知らせをいただいたとき、「もし、ほかに知らせたい人がいたら連絡してください」という依頼を受けることがあります。

しかし、亡くなった方とは長い間音信不通だったというようなとき、はたしてどこまでの範囲の方に連絡したらよいのかとても困ってしまいます。

故人との関係がはっきりしている人には、遺族やごく親しい人から直接連絡が行っているはずですから、とっさに思いつく人でなければ知らせる必要はありません。故人とはさらに縁遠い人に、「知った以上は、何かしなくてはいけないのでは」といったプレッシャーを与える必要はありませんし、あとから「なぜ、知らせてくれなかったの」と責められることも、まずないでしょう。

もし、すぐに思いつくような人がいても、「とりあえずお知らせします」といったように、淡々と事務的に伝えるのにとどめます。通夜や葬式に誘うような口ぶりは、相手に負担をかけてしまいがちです。

葬式と結婚式が重なったら、両方に出席

予定していた結婚式に出席する当日に、突然の訃報。さて、どうしたらよいか迷ってしまいます。

亡くなった方が身内の場合には、無条件に結婚式はキャンセルします。結婚式に出席できなくなってしまった理由はストレートに伝えることはしないで、「どうしても抜けられない緊急の用事ができまして」とあいまいにしておきます。

しかし、それほど親しくない間柄の人が亡くなったときは、結婚式を優先してもよいし、時間がずれていたら結婚式と葬式（通夜）の両方に出席してもかまいません。そのときは、必ず内緒で。

葬式は故人とお別れをする最後の機会ですからぜひ参列したいでしょうし、結婚式も、先方は出欠を確認するなど手間をかけて準備

をしているので、欠席したらたいへんな迷惑をかけてしまうからです。

結婚式を優先して葬式に出られないときは、弔電を打つか、代理人に行ってもらい、後日、先方の都合をたしかめてから焼香にうかがいます。

三章　恥をかかない日常のふるまい

ビジネス訪問

アポなしで訪問はしない

午後の商談までに、書類を間に合わさなければなりません。あせってワープロを打っているとき、アポなしで訪ねて来た人がいて、とても迷惑したといったようなケースが誰にだってよくあるのではないでしょうか。「今忙しいから」と無下《むげ》に追い返すこともできない相手の場合には、なおさらつらいものがあります。

　そうされたくなければ、こちらから訪問するときも、事前に必ず電話して都合をたしかめる配慮が大切でしょう。「親しき中にも礼儀あり」です。アポなしで、相手の貴重な時間を奪ってしまってはいけません。

ビジネスタイムでは、5分前に到着

「じゃあ、○○駅の改札口に10時待ち合わせね」といったデートの約束のときは、10時までにその改札口に着いていればよいのですが、ビジネスで会社を訪ねるときの約束の時間は、ちょっと違います。

　たとえば、午前10時から打ち合わせするという約束をしたとしましょう。すると、10時ちょうどに会社の受付に着けばよいと思っている人がいます。それからエレベーターに乗って担当者のところに到着するまでに時間がかかれば、約束の10時から打ち合わせをはじめることができません。

10時からの打ち合わせというのは、10時に打ち合わせがスタートすることであって、10時に相手の会社に着くということではありません。そこを勘違いしないで、受け付けは遅くても5分前にはすませましょう。

遅れそうな時間は、余裕をもって伝える

待ち合わせの約束した方から、「申し訳ありません。15分ぐらい遅れそうです」との連絡。ところが、実際に到着したのは30分遅れでした。これでは、ダブルで遅刻したのと同じですね。

やむを得ず遅刻しそうなときは、どのくらい遅れそうか、余裕をもって多めに伝えましょう。もし、15分ぐらい遅れそうな見通しでも、「30分ほど遅れます」と伝えておけば、遅刻をくり返さないですむからです。

それに、約束の時間がとっくに過ぎてから「遅れそうです」という連絡をしても無意味です。必ず、約束の時間の前にしましょう。

紹介する順序は、立てたい人を最後に

取引先である△△商事の営業課長・川上さんがわが社を訪ねてきました。直属の上司の佐藤部長とは初対面です。応接室にお通しして佐藤部長を紹介することになりましたが、どの順序で紹介したらよいのでしょうか。

A　「川上課長、私どもの営業部長の佐藤で

ございます」と言って、佐藤部長を先に紹介。

B「佐藤部長、△△商事営業課長の川上様でいらっしゃいます」と言って、川上課長を先に紹介。

正解は、A。自社と他社との間では、自社の人を相手に紹介するのが先です。紹介するとき、まず相手に呼びかけるようにすると混乱はなくなるでしょう。

ケース別に、紹介する順序を整理してみましょう。

①身内と他人がいる場合＝身内を先に、他人に紹介する。

②自社の人と他社の人がいる場合＝自社の人を先に、他社に紹介する。

③地位に上下がある場合＝地位が下の人を先に、上の人に紹介する。

④年齢差がある場合＝若い人を先に、年配者に紹介する。

⑤訪問先で同行者がいる場合＝同行した人を先に紹介する。

⑥男性と女性を紹介する場合＝一般的には、男性を先に紹介するが、状況によって判断。

これらのケースに共通しているのは、立てたい人をあとに紹介していることです。

お辞儀は無言でする

ホテルやレストランで、きちんと教育された接客係を見てください。笑顔でお客様の顔を見ながら、「いらっしゃいませ」「ようこそいらっしゃいました」と言ってから頭を下げていることに気づくでしょう。

頭を下げながらあいさつをすると、表情が隠れてしまって言葉しか相手に伝えることができません。まずは、からだをきちんと相手に向け、相手の目を見てあいさつの言葉を言い終わってから頭を下げましょう。お辞儀は、無言でするものです。

和室では座ってあいさつをする

お座敷で開かれる宴会であいさつを求められると、多くの人が決まって立ちあがろうとします。座ったまま楽な姿勢であいさつするのは失礼だと思っているからでしょうが、実は立ってあいさつするほうが失礼なのです。

和室では、「目線（目の高さ）」で人間関係をはかるので、立ってしまうと目上の人まで見下ろすことになってしまうからです。和室でのあいさつは、「座礼《ざれい》」といって座って行うものです。

このことを知らない人から、「あいさつするときぐらいは立ちなさい」と言われたら、「立ったままで失礼します」とはじめにひと言を。「和室では座ってするものだ！」と意固地になることはありません。

洋室では立ちあがってあいさつをする

会社を訪ねて、受付担当者が座ったままで応対していたら、その会社の接客教育を疑いたくなります。

洋室では、「姿勢（の安楽）」で人間関係をはかるので、楽な姿勢をしている（座っている）人が上、つらい姿勢の（立っている）人が下になります。受付担当者が座ったままということは、お客様より楽な姿勢をとることになるので失礼にあたります。

応接室や会議室に通されたら座って待ちますが、相手が入室してきたら必ず立ちあがってあいさつしましょう。立ってあいさつすることを「立礼《りつれい》」といいます。

作業の途中などでやむを得ず立ちあがれないときは、「座ったままで失礼します」とひと言添えます。

握手をしながら、お辞儀しない

ビジネスの国際化によって握手をする機会がふえたといっても、まだまだあいさつはお辞儀が中心の日本。いつもの癖で、握手をしながらお辞儀をしている人を見かけますが、その必要はありません。

笑顔のままお互いの目を見て、右手どうし親指・薬指・小指に軽く力を入れるようにして握るだけでよいのです。

握った手をくり返し上下させたり、握手している上に左手をのせたり、目下の人から目上の人、あるいは女性に握手を求めることは、日本人がしがちなこと。外国からのお客様のとき、とくに注意しましょう。

座るも立つも、お客様よりあとに

ある会社のカウンターで、登録変更の手続

きが終わってすぐ、担当者が立ちあがってこちらを向いています。メガネや筆記用具をバッグにしまって帰り支度をしなくてはいけないのに、そのような態度をとられたら、「さっさと帰れ」とけしかけられているようで、あせってしまいます。

　このように、商談や打ち合わせが終わってから、わざわざ来ていただいたお客様より先に立ちあがってしまうのは、たいへん失礼なことです。

　また、お招きしたお客様に「どうぞ、こちらへ」と椅子をすすめておきながら、自分が先に座ってしまうことも、相手に対する配慮を欠くふるまいです。

　お客様に相対《あい》するときは、座るときも立つときも相手より少し遅らせるようタイミングを心がけましょう。

名刺は尻ポケットから出さない

　上着をつけない夏場に、名刺はどこから出していますか。ズボンの尻ポケットから、しかも財布や定期入れに入れてある名刺を取り出す人がいますが、相手に差しあげたり、相手から受け取った名刺を、腰より下で出し入れしてはいけません。

　身分証明書でもあり、会社全体の信用がかかっている大切な名刺は専用の名刺入れに収め、シャツの胸ポケットに入れて大切に扱いましょう。上着をつけているときは内ポケットから出しますが、名刺を交換するとき、上着のボタンはきちんと締めておきます。

相手と同時に名刺を差し出してもＯＫ

名刺の交換は、ビジネスの第一歩です。自分のことを相手にきちんと覚えてもらえるかどうかは、好感のもてるやりとりにかかっています。

名刺は、訪問した側、あるいは目下の人から先に差し出すものとされていますが、同時に交換することが多くなっています。簡単な手順を覚えてしまいましょう。

①相手の顔を見ながら「はじめまして」と言って会釈してから前に進み出ます。

②自分の名前を言いながら名刺を両手で差し出し、渡す直前に右手だけで名刺を持ち、相手の左手に置くようにします。もし、左手に

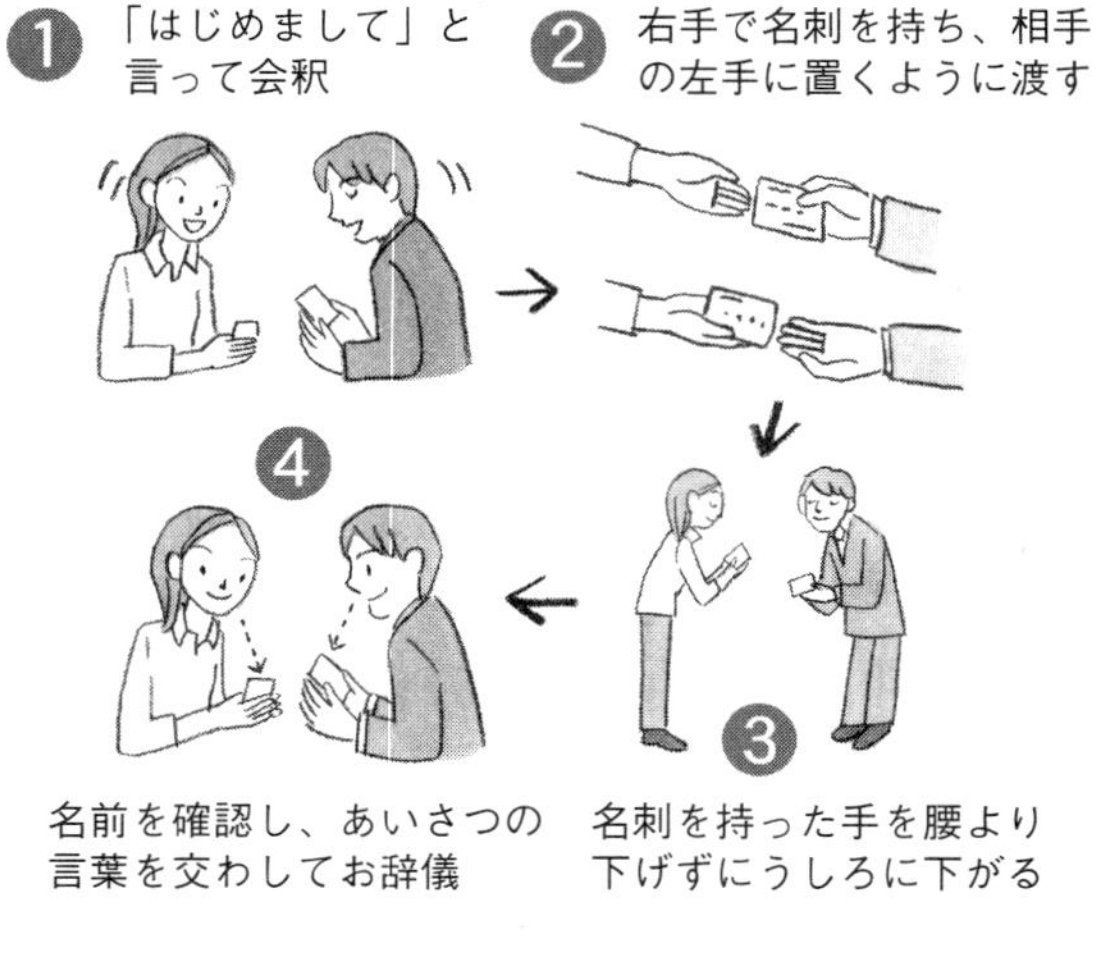

❶ 「はじめまして」と言って会釈
❷ 右手で名刺を持ち、相手の左手に置くように渡す
❸ 名刺を持った手を腰より下げずにうしろに下がる
❹ 名前を確認し、あいさつの言葉を交わしてお辞儀

名刺入れを持っていたら、お互いの名刺入れの上にのせるように渡すとていねいなやりとりになります。

③名刺を受け取ったときの手の位置は胸の高さをキープして、うしろに下がります。

④「○○様、どうぞよろしくお願いいたします」と言ってお辞儀をします。机越しやカウンター越しではなく、相手とは直接向き合いましょう。

お客様を案内するとき、歩調を合わせる

会社を訪問したとき、案内してくれる社員に速く歩かれたら、あとをついていくのがたいへんです。その社員がお客様に対して完全にうしろ姿を見せてしまうから、歩調を合わせることができないのです。

それに、社内を部屋まで案内するとき、社員が堂々と廊下の真ん中を歩けば、お客様は当然壁側を歩くことになってしまいます。それはいけませんね。

あくまでもお客様には廊下の真ん中を歩いていただくように気を配り、お客様に近いほうの肩を少し引いて半身《はんみ》になるような感じで上体を少し前かがみにすると、案内をするのにふさわしい姿勢になります。

引いて開けるドアの部屋に入るときは、お客様を先に通す

会議室や応接室に入るとき、お客様に先に入っていただくのが相手への配慮です。相手に背中を向けることとは、「あなたに無関心で

す」と言っているのと同じです。

引いて開けるドアは、お客様のほうにからだを開き、ノブに近いほうの手で開けると、お客様を包むかたちになります。ドアをいっぱいに開いて、「どうぞ、こちらでございます」とひと言添えます。

押して開けるドアの場合は、お客様より先に部屋に入るのはやむを得ません。大切なお客様に、ドアを押さえていただくわけにはいきませんからね。そのときも、お客様に背中を見せないようにくれぐれも注意を。お客様より遠いほうの足から一歩踏み出すことがポイントです。ストッパーがついていたらしっかりドアをロックし、ストッパーがついていなかったら、しっかりドアを押さえたまま、「どうぞお入りください」「こちらでございま

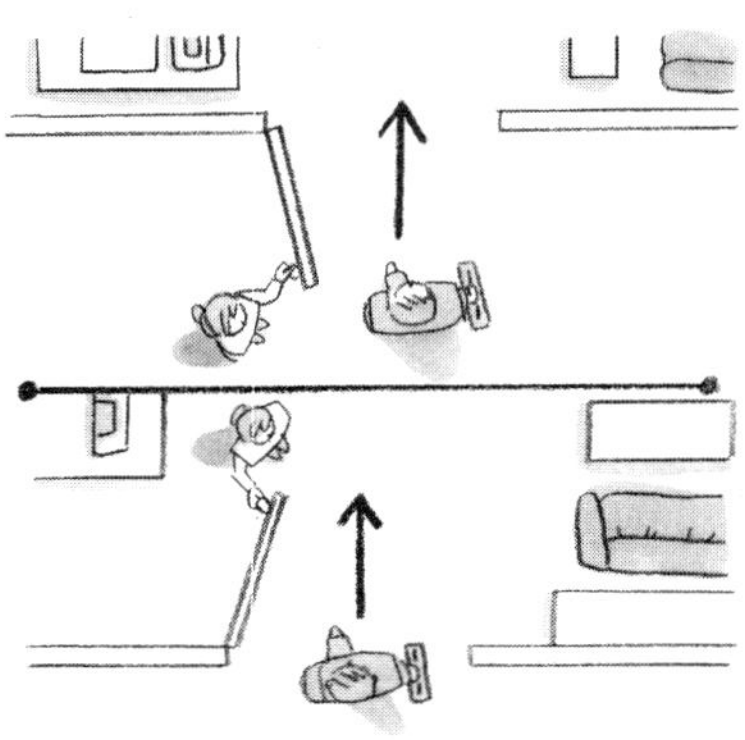

引いて開けるドアの部屋はお客様が先、押して開けるドアの部屋はお客様はあとから入れる

す」などとひと言添えて部屋に案内します。

ビジネスバッグは、座る椅子の横に置く

会議や商談のとき、持ってきたビジネスバッグをどっかとテーブルの上に置くのは、とても無神経な行為です。お茶が供されることもあるそのテーブルの上に、トイレにも持ち込まれたバッグを置かれて何とも思わない人はいないはずです。

ひざの上にのせて中身を取り出したら、自分が座る椅子の足もとの横に置きましょう。バッグの底に金具がついているのは、床に置くためです。

小さいバッグでしたら、浅く腰かけて椅子の背もたれと背中の間か、隣の椅子があいていたら、相手に断ってその上に置いてもかまいません。

写真を撮るとき、立つ位置に気をつける

家族や友だちといったごく親しい人と写真を撮るとき、どこに立つかなど細かく気にしたことなどないでしょう。

しかし、たとえば接待の場であるとか、欧米の取引先の要人と記念撮影をするときなど、相手によっては厳格さを求められることがあります。

国際儀礼（「プロトコル」といいます）では右上位、つまり地位や立場、年齢が上の人は自分より右側にするというのが決まりです。英語の「ライト（right）」は、「右」の

ほかに「正しい」「聖なる」という意味があり、大切な人はいつも自分より右側です。

日本では昔から左上位とされてきましたが、今では和室などのごく限られた場所だけで、それ以外は国際儀礼の右上位が主流になってきました。いざというときのために、知っておくとよいでしょう。

写真を撮るときの並び方

用件を終えたら、電話は2つ数えて切る

電話でお話し中、まだ用件を伝え切っていないのに、ガチャンと先に切られたら感じが悪いですね。かといって、お互いが譲り合っていたら、いつまでたっても電話を切ることはできません。

そこで、用件が終わったらゆっくり2つ数えるくらいの間をおいて切ることを目安にしましょう。

しかも、受話器を置くのではなく、受話器は耳にあてたまま指先でボタンを押すようにします。そうすることによって、切る間際に相手が急に追加の用件を思い出しても対応できます。

なぜ席次(上座《かみざ》、下座《しもざ》)が決まっている?

あまり上下の人間関係を意識しないですましてきた人からは、「どこの席に誰が座ろうと、関係ないじゃん」と言われてしまいそうです。

しかし、ビジネスの場では、そういうわけにはいきません。

座る席の順序を「席次《せきじ》」といいます。年齢や仕事上の地位(役職、肩書)が上の人、あるいは、主催者より招待者が座る席が「上座」、下の人や主催者が座る席が「下座」です。

このことを知らないで、上座に座るべき人を下座に案内したり、自分が勝手に上座に座っていると、相手によってはプライドを傷つけられ、そのことによって、せっかくの契約も破棄、取引停止にもなりかねません。

席次を侮《あなど》ってはいけません。細かく配慮することが必要です。

席次は、出入口からの距離で決まる

応接室や会議室に案内されたのですが、座る席を指示されなかったとき、正直どこに座っていたらよいか、とまどってしまうことがよくあります。

そんなときは、ともかく出入口にもっとも近い席に座っているのが無難です。一般的には、「出入口から遠い席が上座、近い席が下座」というのが決まりだからです。

相手が下座に座っていることに気づいて

「もっと上座へどうぞ」とすすめることはできても、「そこは上座だから、もっと下座へ」とは言いにくいですからね。

相手から上座に移るようにすすめられたら、遠慮してはいけません。

上座・下座も、融通をきかせる

席次は、出入口からの距離で決まるとはいっても、そのことにとらわれ過ぎてもいけません。高層ビルでしたら眺めのよい席、夏なら涼しく冬なら暖かい席、長いテーブルでは端より真ん中のほうが座り心地がよいはず。相手から「ここに座りたい」と言われたら、それを優先するなど、上座・下座も状況に応じて融通をきかせて判断します。

ただし、上座・下座の決まりをきちんと知ったうえで配慮したことが相手に伝わらなければ、「この人、何も知らない」と誤解されっぱなしのままというおそれがあります。「こちらのほうが眺めがよいので」「こちらの席のほうが涼しいので」といったように、なぜその席をすすめたのか、理由は相手にはっきり言ったほうがよいでしょう。

和食の店（お座敷）での席次

料亭や割烹《かっぽう》の和室では、床の間の位置がポイントで、その前が上座です。床の間の前に並んで座るときは、床の間から見て左が第一席、その隣が第二席です（出入口から見て、床の間が右側にある場合を「本勝手」、左側にある場合を「逆勝手」といいます）。「下座《しもざ》床《どこ》」といって、出入口に近いところに床の間をしつらえた部屋があります。出入口から遠いところも上座、出入口から近いけれども床の間の前なのでそこも上座。ということで、上下関係を気にすることなくどちらの席に座っていただいてもかまわないという配慮がされているわけです。

床の間がない部屋の場合は、席次の決まり通り、出入口からもっとも遠い奥の席が上座、出入口にもっとも近い席が下座ということになります。

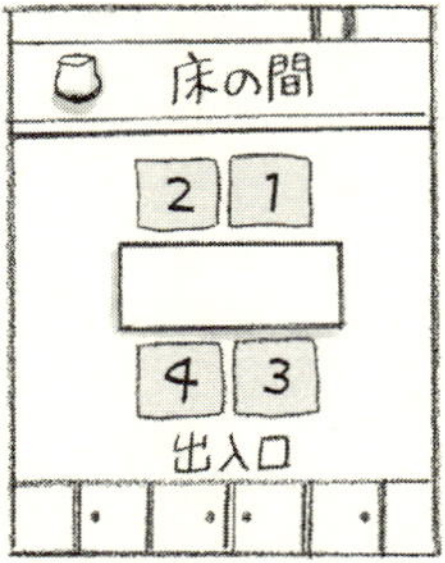

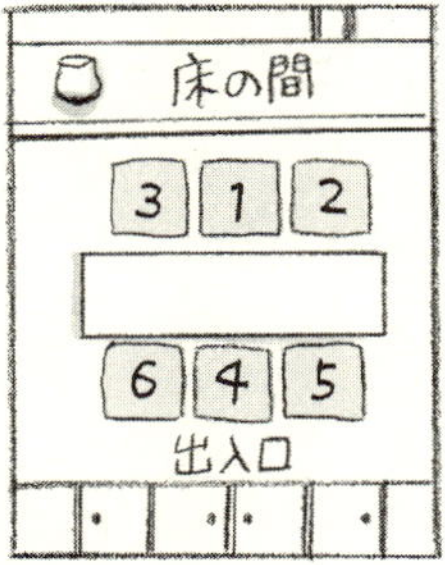

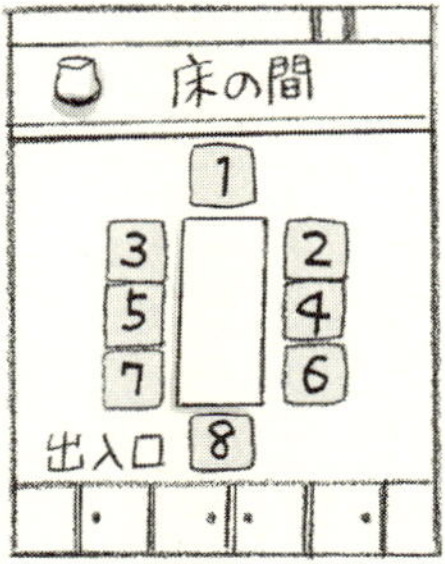

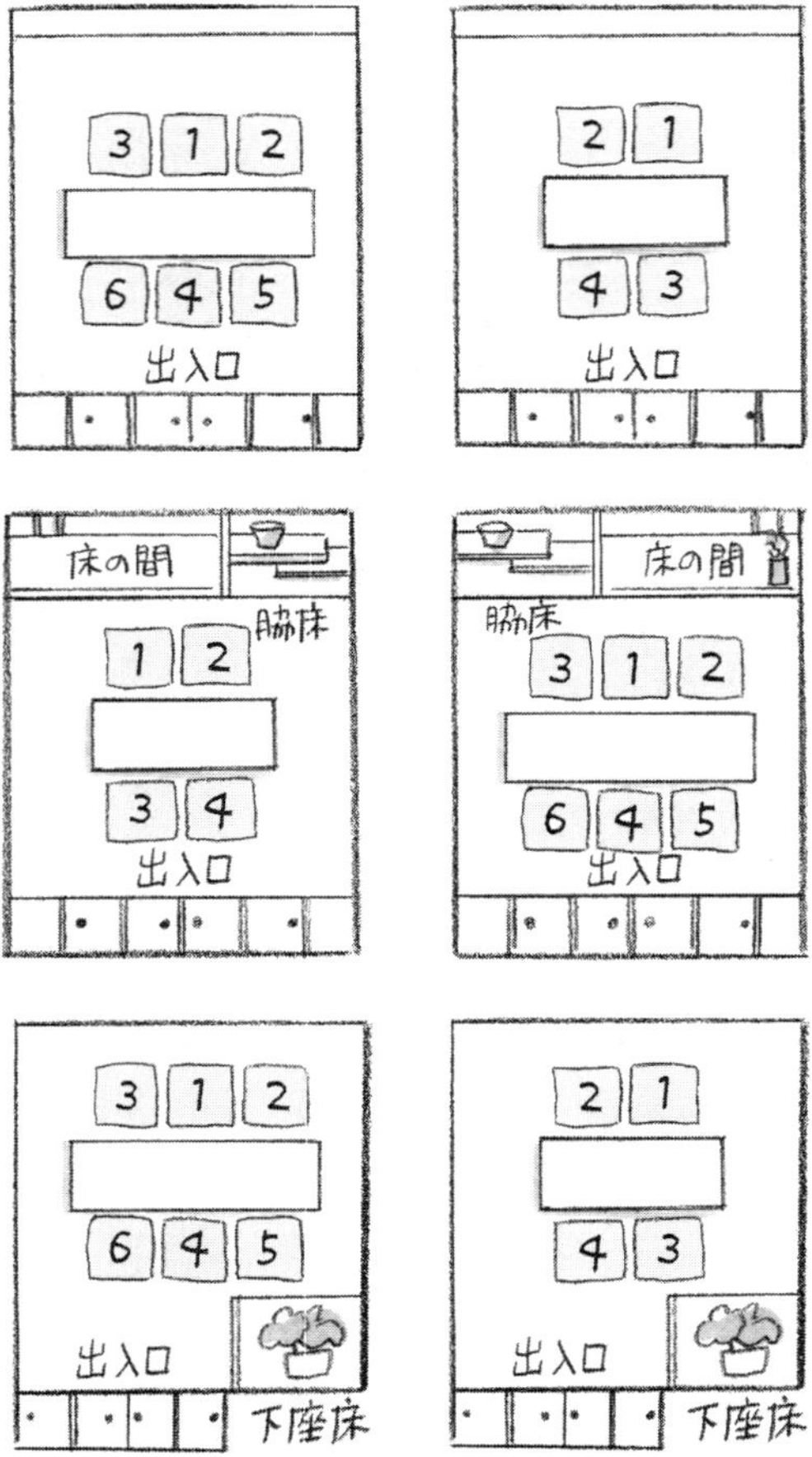
3 1 2
6 4 5
出入口
2 1
4 3
出入口
床の間
脇床
1 2
3 4
出入口
床の間
脇床
3 1 2
6 4 5
出入口
3 1 2
6 4 5
出入口
下座床
2 1
4 3
出入口
下座床

カウンターでの席次

お店のカウンターでは、一番奥、お店の出入口からもっとも遠い席が上座と覚えておくとよいでしょう。カウンターでは、気の置けない相手と飲食することが多いので、席次を気にすることはあまりないかもしれませんが、会社の上司や目上の人と一緒のときは、そこに座っていただくようにします。

予約をしていなかったために、一番奥の席が常連客などで埋まっていたとしても、事情を話してわざわざ席を譲っていただく必要はありません。カウンターの中で、あいている席の出入口から遠い席が上座ということになります。

レストランでの席次

レストランでは、出入口からもっとも遠いテーブルがそのお店の最上の席。それぞれのテーブルも、出入口から遠い席が上座、近い席が下座です。高層階のレストランでは、眺望も席次の基準になりますから、出入口からの遠近だけにとらわれることはありません。

壁に長椅子が造りつけてあって、その前にテーブルが並んでいるレイアウトのレストランがあります。目上の人や女性には、壁側の長椅子に座っていただきます。待ち合わせをして、先にお店に着いたら手前の椅子に座って待ちます。相手が到着したら立ちあがって、「どうぞ奥に」とすすめます。

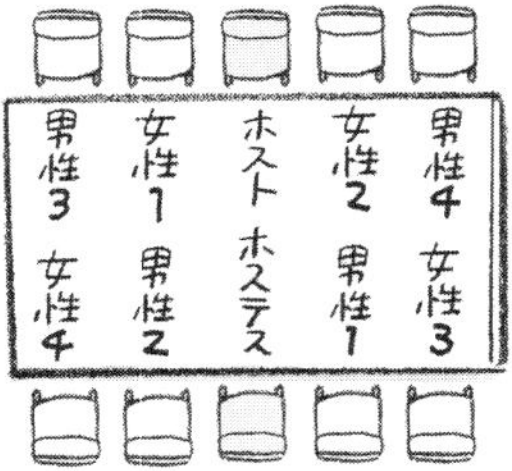
男性3
女性1
ホスト
女性2
男性4
女性4
男性2
ホステス
男性1
女性3

フランス式

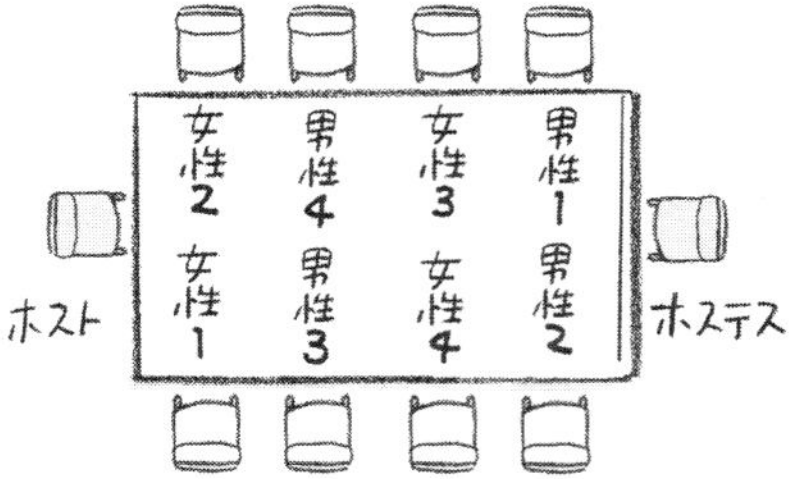
女性2
男性4
女性3
男性1
女性1
男性3
女性4
男性2
ホスト
ホステス

イギリス式

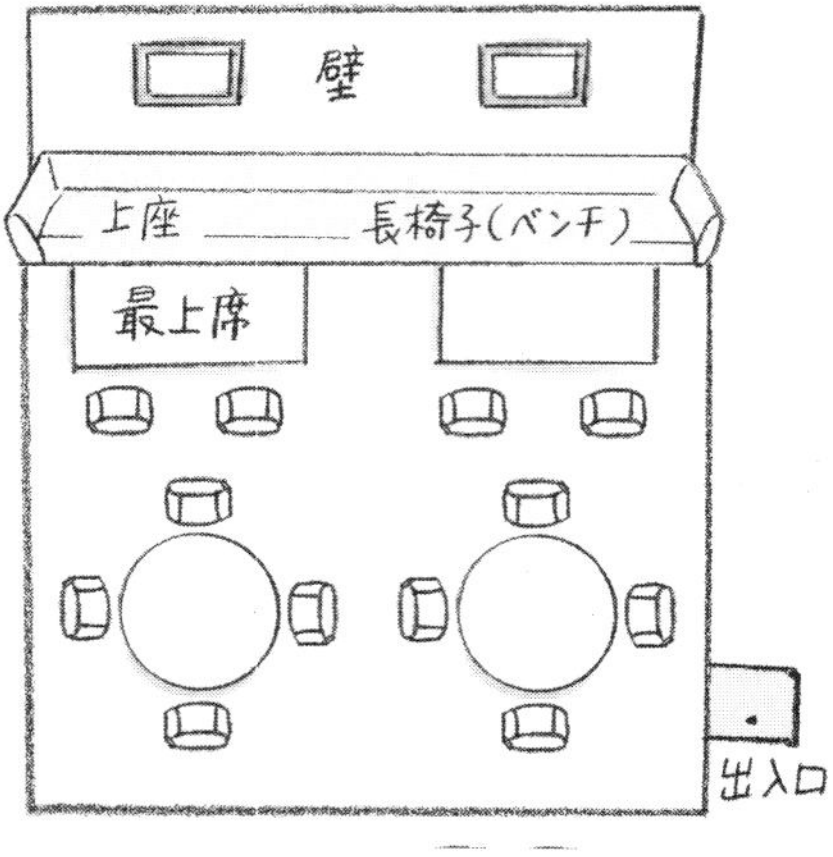
壁
上座
長椅子(ベンチ)
最上席
出入口

中国料理の円卓の席次

中国料理のお店では、レストランと同じで、出入口からもっとも遠くに置かれた円卓（テーブル）が最上席で、そこから次第に出入口に近づいてきて、出入口にもっとも近い円卓が最末席となります。

円卓ごとの座り方は、出入口から一番遠い席が上座で、下座まで図のような順番で座ります。外国人を交えたときなど、国際儀礼（プロトコル）では、下左図の客2と客3、客4と客5の席が入れ替わります。

また、接待のときは、接待される側（お客様）が奥、接待する側が出入口に近いほうに分かれて座るようにします。

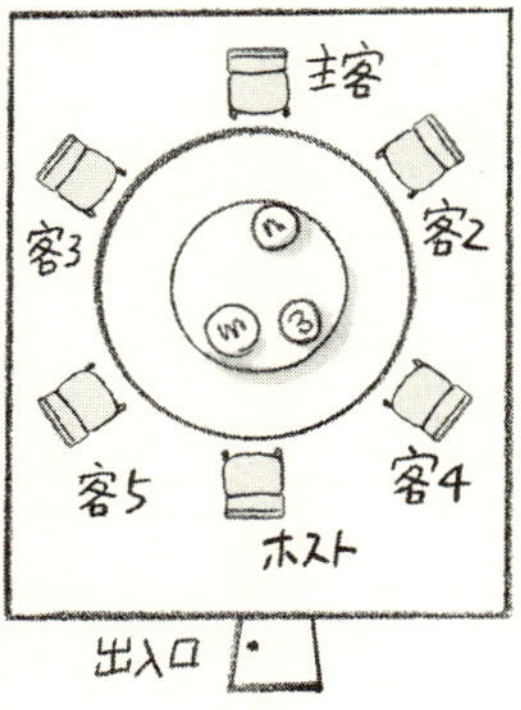

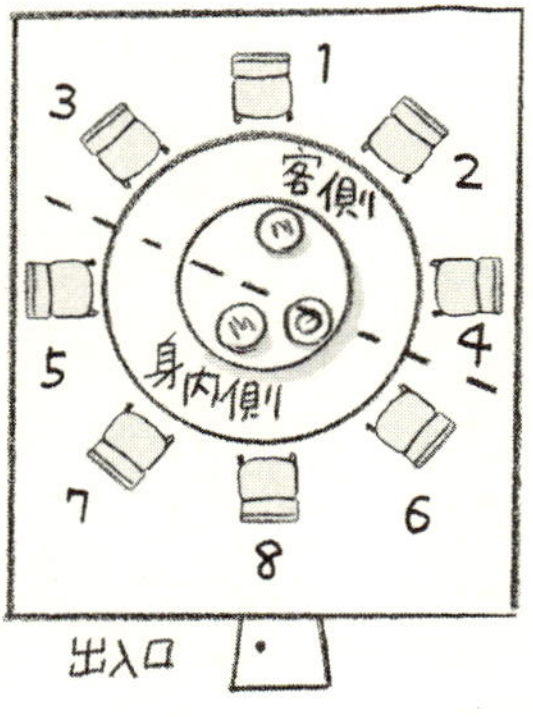

洋室（会議室）の席次

会議室などの洋室は、出入口からもっとも遠い奥まった席が上座、出入口にもっとも近い席が下座です。

独立した会議室ばかりではなく、ついたてで囲んだだけの簡易な打ち合わせテーブルでも同じように、お客様は出入口から遠い席に案内しましょう。

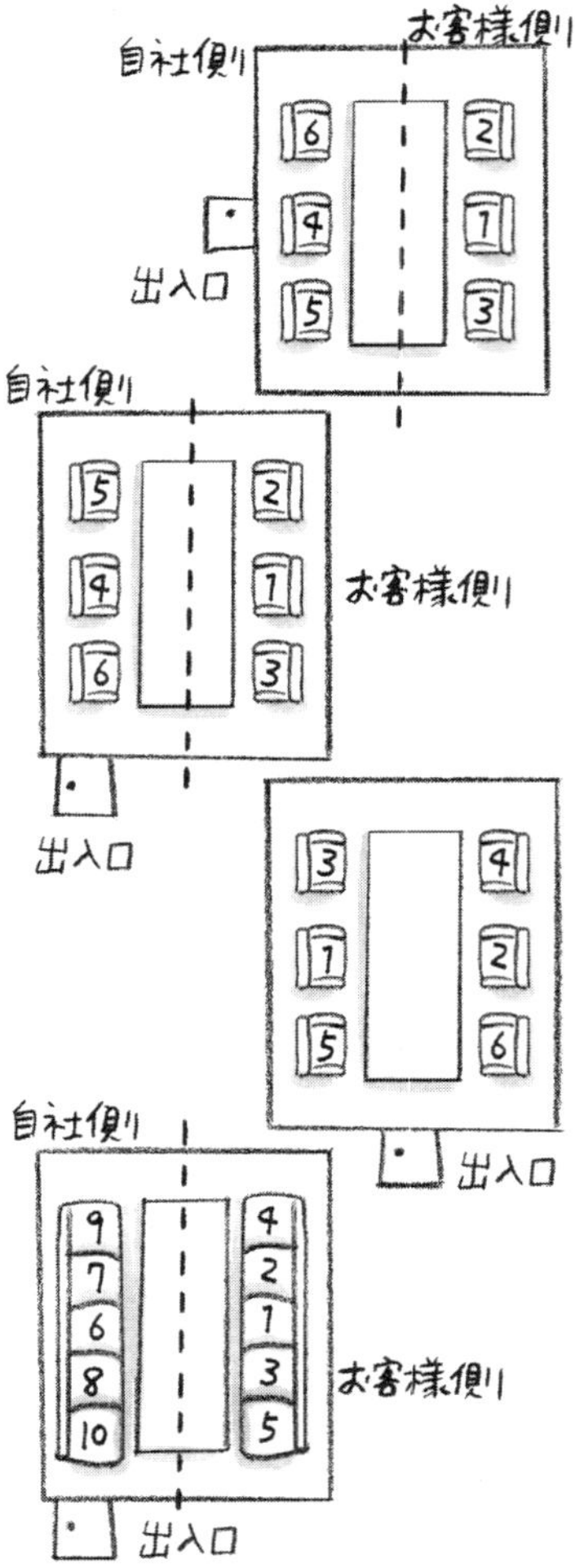

洋室（社長室、応接室）の席次

会社の社長室や応接室では、置かれている椅子で席次が決まります。実は、椅子も格付けがされていて、もっとも格が上なのは長いソファー、続いて一人がけの肘かけ椅子（アームチェア）、背もたれ椅子、スツールの順です。長いソファーは、足をのばしてゆったり座ることができる椅子だからです。

上座にあるソファーに二人並んで座るときは、壁側から見て右が第一席です。長いソファーに座る位置にも、順番があります。三人がけのときは、出入口からもっとも遠い位置（ソファーの奥の端）が上座、次に手前の端、真ん中が下座になります。

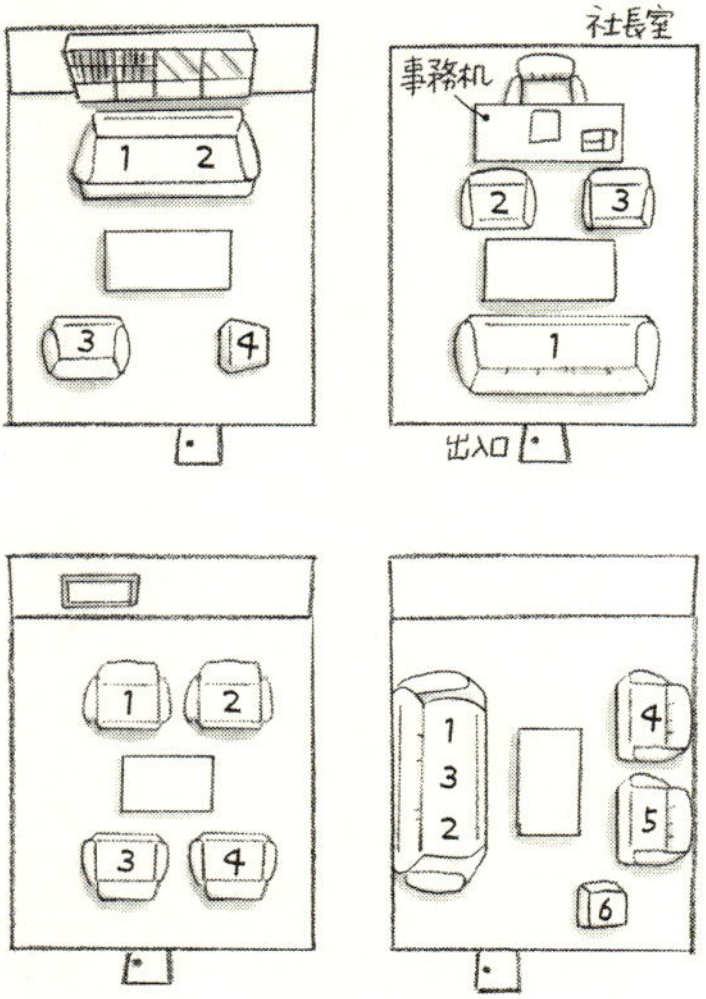

乗り物の席次

接待のとき、取引先と一緒に移動することがよくあります。乗り物にも席次がありますから、乗るときには気をつかいましょう。

[列車]

椅子が2列のときは、窓側が上位、通路側が下位、3列のときは真ん中が最下位になります。席を向かい合わせたときは、2列、3列の場合を問わず、進行方向に向いた窓側が最上席となります。寝台車では、下のベッドが上位、上のベッドが下位です。

[飛行機]

列車の場合と同じ、窓側が上位です。ただし、長距離を移動するときに、「トイレに行きやすいので、通路側に座りたい」という相手方の要望があったら、それに従うように。

[タクシー]

運転手のうしろが最上席、次に反対の窓側、次に中央、助手席が最下位です。人数が少ないときは、接待される側がうしろの席、接待する側は助手席に乗ります。

[自家用車]

タクシーの場合とは異なります。接待する本人が運転する場合、助手席が最上位、次に運転席のうしろ、次に反対の窓側、中央が最下位となります。

[バス]

入口にもっとも近い窓側が最上席、最後部の補助席が最末席です。バスに酔いやすい人は、事情を話してできるだけ前に座ります。

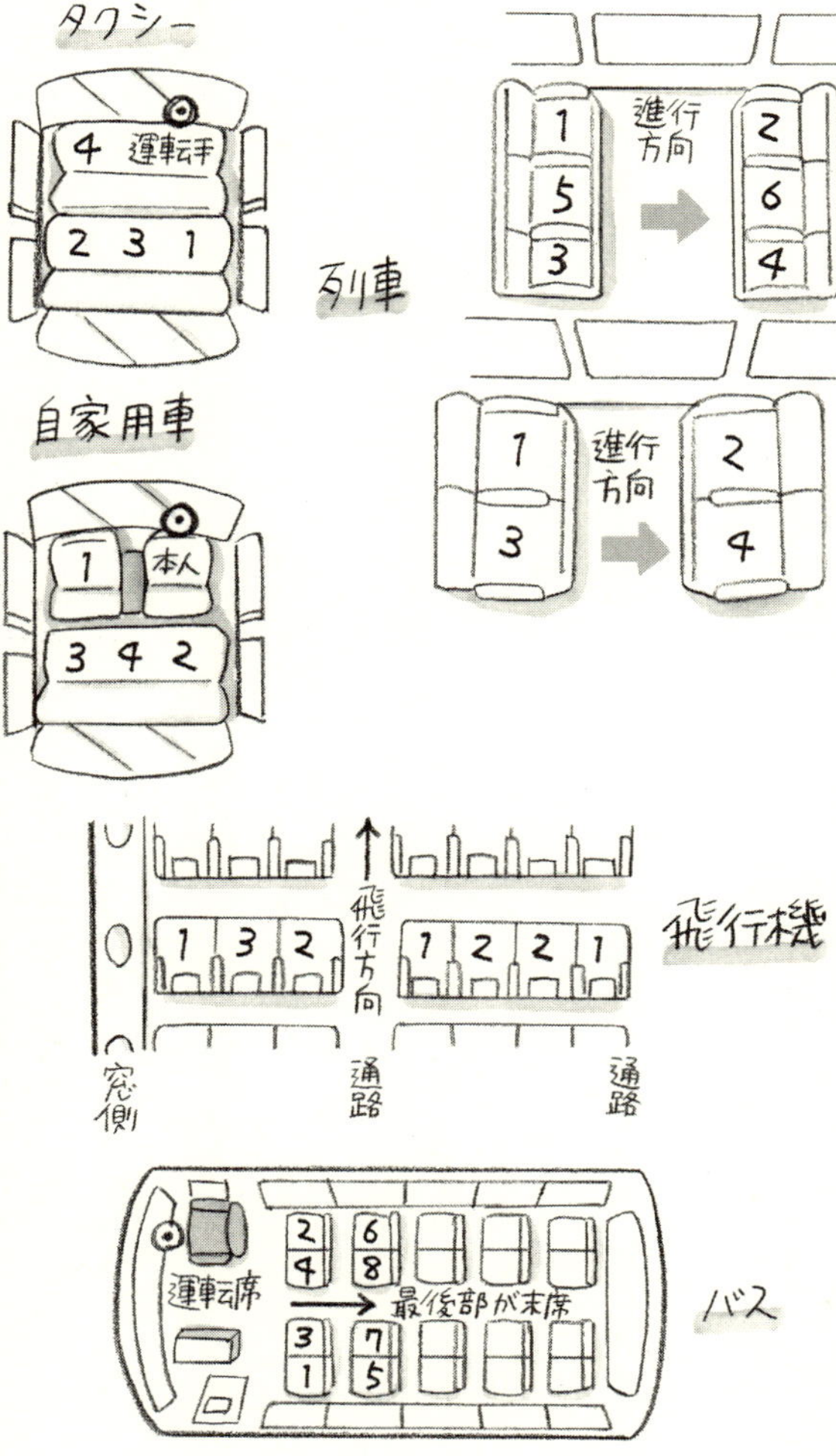
タクシー
4 運転手
2 3 1
列車
1 5 3
進行方向
2 6 4
1 3
進行方向
2 4
自家用車
1 本人
3 4 2
飛行方向
1 3 2
1 2 2 1
飛行機
窓側
通路
通路
2 4 6 8
運転席
最後部が末席
3 1 7 5
バス

エスカレーターの席次

エスカレーターにはとくに席次はありませんが、エレベーターと同じように乗り物ですから、上り下りいずれのときも、お客様には必ず先に乗っていただきます。

エレベーターの席次

いつもなにげなく乗っているエレベーターですが、席次があることは意外と知られていません。

ボタンの操作盤が左右どちらにあるかにかかわらず、入口から見て左奥が上座です。次にその右という順になり、操作盤の前が下座です。操作盤が右にあるときはその前、左右両側にあるときは、左の前が下座です。

いくつもの会社が同居しているオフィス・ビルでは席次はなかなか守れるものではありませんが、この席次を覚えておけば、いざというときに役立つでしょう。

国際儀礼（プロトコル）では、乗るときも降りるときもお客様が先です。人の流れなどによってお客様より先に乗り降りせざるを得ないときは、「お先に失礼します」のひと言を忘れずに。

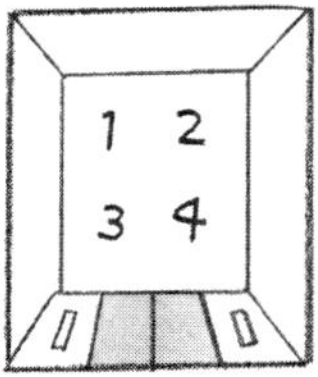

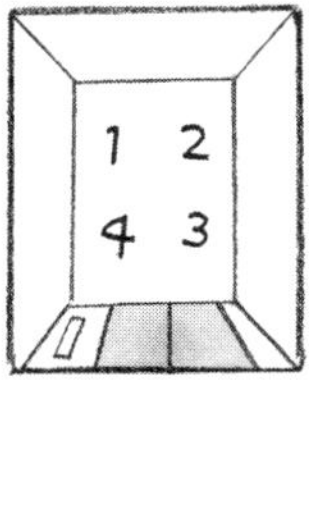

個人宅の訪問

約束の時間前にチャイムを鳴らさない

個人のお宅に早く着いてしまったとしても、約束の時間より前にチャイムを鳴らしてはいけません。おもてなしをするほうは、約束の時間に照準を合わせて準備をしていますから、早く着いてしまったらあわてさせてしまうだけです。

訪ねる時間は、相手の食事どきやその前後は避けます。もちろん早朝や深夜も非常識です。午前中は10〜11時半、午後は1〜4時ごろがもっとも適した時間帯です。

「たまたま、近くに来る用事があったので」といったようなことで突然訪ねるときも、相手の都合を確認する電話ぐらいはできるはずです。電話をしてから30分〜1時間ほど間をおいてから到着するようにします。

突然訪問したときは、「どうぞ、おあがりください」とすすめられても、玄関先で失礼したほうがよいでしょう。

コートは、脱ぐのも着るのも玄関前で

訪問先で、「どうぞお入りください」と言われる前にコートを脱ぐのは、「早く部屋に通しなさい」と催促するようで失礼ではないかという人がいます。しかし、これは欧米での話です。

日本では、玄関前でコートを脱いで裏返し

にたたんで持って入り、部屋まで持ち込まずに、玄関のじゃまにならないところに置かせてもらいます。家の中にコートについたチリを持ち込まないようにするためです。マフラーや手袋も同じようにはずします。

荷物を持っていてコートが脱げなければ、「着たままで失礼します」とひと言断ります。

コートを着るのも玄関を出てからにしますが、室内で着ることをすすめられたら「失礼します」とひと言添えて袖を通してもかまいません。しかし、手袋とマフラーだけは外に出てから身につけましょう。

脱いだコートは、きれいにたたむ

脱いだコートをグシャグシャにたたんで置いたり、袖の先を引きずりながら腕にかけて歩くのはみっともないことですね。簡単に、きれいにたたむ方法があります。

①コートを脱いだら、前面から両肩の部分に両手を入れて、その両手を合わせます。

②右の手首を上にひねるようにして右肩の部分を裏返しにして、左肩と重ね合わせます。左手は肩の部分に入れたままで、右手で襟をつまみます。

③左手を肩の部分に入れたまま、襟をつまんだ右手を2～3回軽く上下させます。

④コートは裏返しのまままきれいに二つ折りになって袖が中に閉じ込められます。そのまま腕にかけるか、玄関に置くときは軽く折りたたみます。

①

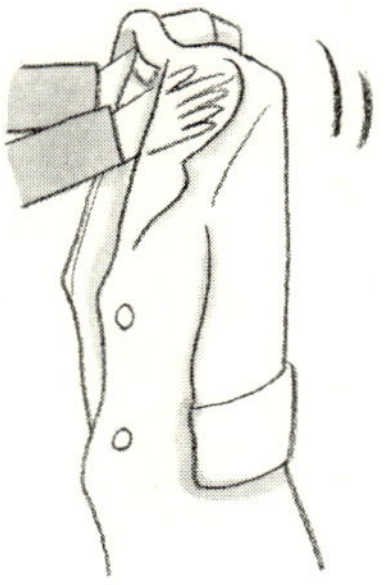

両手を両肩の部分に入れて、
その両手を合わせる

②

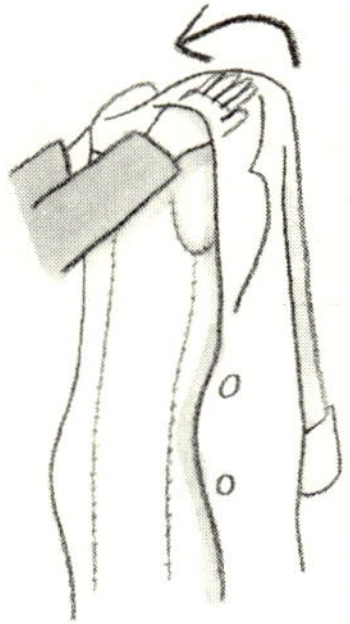

右手首を上にひねるように
右肩部分を裏返しにして、
左肩と重ね合わせる

③

右手で襟をつまみ、左手を
入れたまま、右手でコート
全体を2〜3回上下させる

④

裏返しのまま、コートは
きれいに二つ折りされる

履物は前を向いて脱ぐ

玄関では、前を向いたまま履物を脱いであがったほうがよいのか、うしろを向いてあがったほうがよいのか、迷うところですが、前を向いたままあがることをおすすめします。

あがったら、お迎えの人に背を向けないように注意してからだの向きを変え、脱いだ履物のつま先を外に向けて、お迎えの人から遠い玄関の端に寄せます。

靴箱があったら、男性はかかとを手前に、女性はつま先を手前にして入れます。

ただし、あがり框《かまち》が高い玄関では脱いだ履物の向きを変えるのが大変なので、はじめからうしろ向きにあがってかまいません。

うしろ向きで靴を脱ぐとお迎えの人に背を向けてしまうので、前向きのまま脱いでよい

座布団は踏まない

座布団の上を歩いたり、踏んだままであいさつをしたり、足を使って移動させたりと、座布団の扱いにはとても無頓着な人が多い気がします。狭いお店では仕方がないときもありますが、踏むということは、大事な持ち物を粗末に扱っていることと同じです。

座布団をあてるときは、
①座布団のうしろか横にいったん座ります。
②両手を座布団の上につき、からだを支えるようにしてひざからにじりあがります。
③はずすときも、同じようにしてにじりおります。

座布団は決して踏まないように。

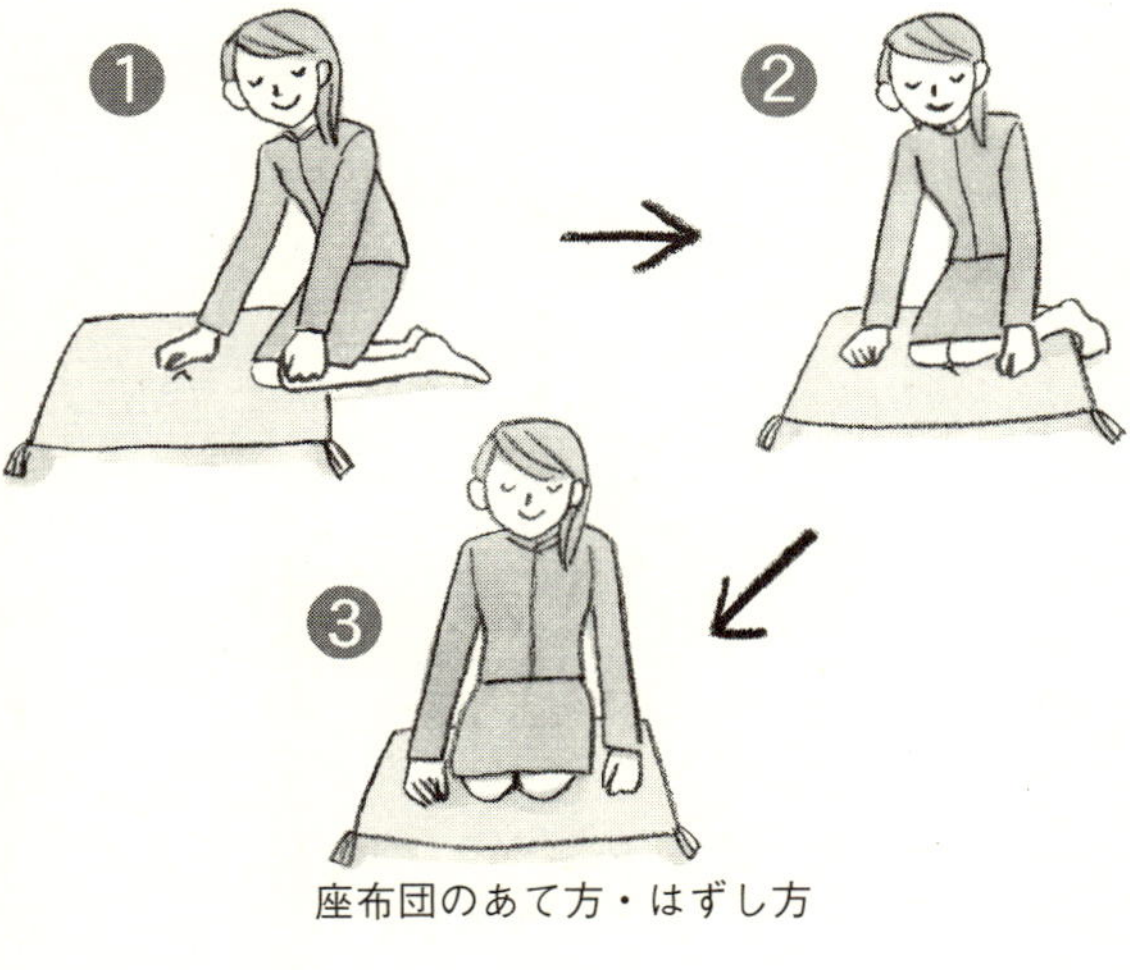

座布団のあて方・はずし方

座布団は移動しない、返さない

「私は、こちらの席のほうが」と座布団を持って部屋の中を移動するのはいけません。座布団があらかじめ置かれているのは、「どうぞ、そこに座ってください」という意味が込められているからです。葬式や法事のときも、焼香台の前に置いてある座布団は遠慮せずに使ってかまいません。

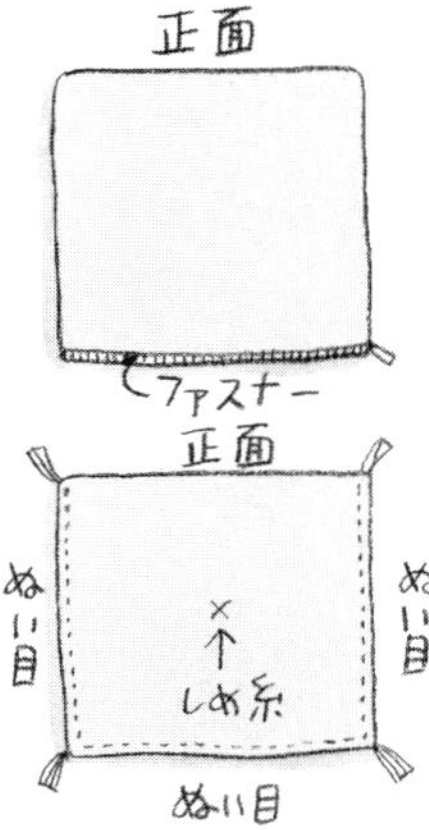

　また、置かれている座布団をひっくり返したり、自分が座っていたものをひっくり返して人にすすめるのは間違い。座布団にも、表裏や正面があって、きちんと置かれてあるものだからです。

　座布団の真ん中にしめ糸があるのが表、脇に縫い目のない（輪になっている）ところが正面です。座布団カバーがかけてあるときも輪のところが正面です。

　それまで座っていた座布団を人にすすめるときは、表面をなでるようにして、シワや温もりをとるしぐさをするだけでかまいません。また、カバーには汚れよけの意味がありますので、あらたまった席ではカバーをかけていない座布団を出します。

畳のへりは踏まないように

部屋に敷かれた畳と畳の間にあるへりは、畳を補強するためだけではなく、畳の装飾でもあるのです。

和室に入ったら、つまずいて粗相しないためにも、金糸銀糸の飾りを傷めないようにするためにも、畳のへりのことはきちんと意識して、踏まない、その上に座らない心配りが大切です。

手みやげは、手間ひまかけて買う

お宅におじゃまをするとき、手ぶらでうかがわないほうがよいと思います。そもそも手みやげは、自分のために大切な時間を割《さ》いてくださることに感謝の気持ちを伝えるためのものだからです。

親しい間柄であればかまいませんが、手みやげを訪問先の地元で買うのは、何も持っていかないよりはマシといったどこか型通りという印象をまぬがれません。せっかくですから、ちょっと手間ひまかけて手に入れれば話題づくりにもなりますし、相手にもいっそう喜ばれます。

あまり高価なものはかえって相手に負担を感じさせてしまいますから、金額は２０００円程度までにします。

一方、いただいた手みやげに対するお返しの必要はありません。

手みやげを出すときは、ひと言添える

いただいた手みやげを、そのお客様に黙って出すと、「この家は、お客様が来るのにお茶菓子一つも用意していない」と思われかねません。必ず、「お持たせですが」とひと言添えましょう。

もし、お客様のために用意していたものと手みやげがダブってしまったら、いただいた手みやげのほうを出すようにします。

いただいた手みやげは、床の上に置きっぱなしにしないで、相手が帰るまでに別室に移しましょう。

持参した人が、お持たせを期待して「さっき持ってきたあれ」などと催促してはいけません。手みやげは相手に差しあげるもので、一緒に食べたり飲んだりしたいために持って行くものではありません。そこを勘違いしている方が多いようです。

「つまらないものですが」は、相手次第で

手みやげを渡すときの「つまらないものですが」という常套句《じょうとうく》は、今でも多くの人が口にしているようです。

もちろん、ほんとうにつまらないものを渡すはずはなく、そもそもは「誠心誠意選んだつもりですが、素敵なあなたの前ではつまらないものに思えてしまう」という意味で使われてきました。

ただ、相手によっては「ちょっと他人行儀

過ぎるのでは」ととられかねません。「ほんの気持ちです」「お気に召しますかどうか」「珍しいものですので、いかがでしょうか」「お口に合いますかどうか」といった言い方をされたらいかがでしょう。手みやげの自慢話やうんちく話をするのは、かえって恩着せがましく聞こえますので控えます。

紙袋に入れた手みやげは、そのまま持って部屋に入りますが、相手に渡すときは紙袋から取り出し、親しい間柄でなければその紙袋はすぐにたたんで持ち帰ります。風呂敷に包んである場合も同じです。

手みやげは紙袋から出して渡し、紙袋は持ち帰る

出迎え以上に、見送りを大切にする

チャイムを何度鳴らしてもなかなか出てこなかったり、玄関を出たとたんに鍵をカチャッとかけ、電気もすぐに消して家の奥に引っ込んでしまうような見送り方をされたら、誰だってよい気持ちはしませんね。

たとえば、最寄りの駅まで出迎えてくれたけれども見送りは玄関先だったときと、出迎えは玄関先だったけれども帰りは最寄りの駅まで来て、電車が走り出すまで見送ってくれたときのことを比べたら、その家を訪ねた印象度は、後者のほうがはるかに上です。

型通りではなく、心がこもった送り迎え、心がけたいものです。最寄りの駅まで送り迎えができればそれにこしたことはありませんが、お迎えの準備などでそれができないときは、見送りにエネルギーを使うようにしたほうが、相手の記憶に深く刻まれるに違いありません。

お客様が帰らないときは、嘘も方便

お客様に長居をされ、「お帰りください」とストレートに言うことができないときって困りますね。

そんなときは、相手を傷つけないために嘘も方便です。たとえば、「あ、いけない！○○に行く用事があったんだ」と突然思い出したふりをするのも一つの手。差しさわりのない嘘を言って相手に詫びましょう。

もし、次の約束がほんとうにあったら、お客様がお見えになったときに前もって、「申し訳ありませんが、次に予定があって○時には外出しなければなりませんので」と伝えておいたほうが、お互いに気まずい思いをしなくてすみます。

お茶の入れかえどきが、おいとまどき

いろいろもてなしていただきながら楽しい時間を過ごしているときに、おいとまはなかなか言い出しにくいものです。

きっかけとしてもっとも自然なのは、お茶

を入れかえてくれるときです。「お茶のおかわり、いかがですか？」とすすめられたときなら、「いいえ、けっこうです。そろそろ失礼しますから」と言いやすいでしょう。会話が途絶えたときや、相手に電話がかかってきたときも、一つのきっかけになります。

「まだよろしいのでは」と引き止められても、「ありがとうございます」と礼を述べたあとに「でも……」と理由を続けて帰り支度をはじめます。

もてなしのお菓子は左、お茶は右に置く

「から茶で失礼」といって、お客様にお茶だけを出してはいけないものとされてきました。会社での商談のときはお茶だけということはよくありますが、自宅でのおもてなしのときには、お茶とお菓子はセットで。

そのとき、お客様から向かって左側にお菓子、右側にお茶を置くようにします。お茶を左側に置いてしまうと、湯飲み茶碗を手に取るときにお菓子に手がかかりやすく、粗相のもとになりかねないからです。

カップの持ち手は、右にくるように置く

コーヒーや紅茶のカップとスプーンは、受け皿にのせて出します。カップの持ち手はお客様から見て右に、スプーンはカップの手前に平行に、お客様から見て正面に置きます。

昔は持ち手を左側に向けて置き、お砂糖をかき回したあと時計回りに回していました。

今はそんな面倒なことをしなくてもすむように、はじめから持ち手を右側に置いてかまいません。

ジュースは、先にコースターを置いてそこにグラスをのせ、ストローは、コースターの手前にお客様に平行になるように置きます。

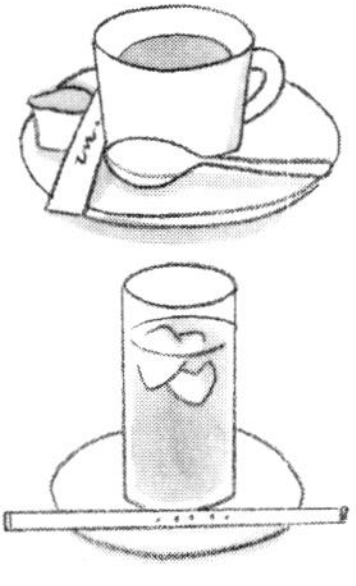

カップの持ち手は右側に、
ストローはグラスの手前に
水平に置く

カップと受け皿は、一緒に持たない

紅茶やコーヒーをいただくとき、ティー・カップと受け皿を一緒に持ったり、カップの底に左手をそえるのがお上品と思っていませんか。それは、勘違いです。

持ち手のない湯飲み茶碗は、右手で持ちあげてから左手で糸底を支えていただきますが、ティー・カップは、右手で持ち手を持つだけでかまわないのです。

このとき、ティー・カップも湯飲み茶碗も、テーブルから斜め一直線に口元に運ぶより、いったん自分の胸元に引き寄せてから垂直にあげるようにすると、こぼしにくく、つつましい印象を相手に与えます。

湯飲み茶碗は茶托にのせて出す

なぜ、湯飲み茶碗は茶托にのせて出すのかというと、そうしないとお客様が口をつけるところに直接手で触れてしまうからです。

湯飲み茶碗や茶托に模様が描かれてあったら、お客様からそれがはっきり見えるように置きます。木目がはっきり見える茶托は、木目をお客様と平行に。木目の幅が粗いほうをお客様寄りに置いたら、もうカンペキです。

木目を横向きに.
木目の手前が粗く
奥は細かい

ケーキは、細いほうを左に向けて出す

おもてなしにカットしたケーキを出す場合には、小皿にのせてフォークを添えます。

お客様から見て、先のとがったほうを左（あるいは手前）に向けるようにして置くとよいでしょう。お客様にとっては、とがったほうからフォークを入れたほうがケーキが倒れにくく食べやすいからです。

ケーキを包んでいるセロファンは、手でつまむより、フォークを使ってクルクル回しながら取り除きます。それを、ケーキの下に敷いてある銀紙とお皿の間に差し込んでからフォークだけを抜き取ります。
食べ終わったら、フォークの先は銀紙を軽くたたんでその中に入れるとよいでしょう。

ケーキのセロファンはフォークで巻き取って、ケーキの下に差し込む。ケーキは先のとがったほうから食べると倒れにくい。食べ終わったら銀紙を軽くたたんでフォークの先を入れる

和菓子は黒文字《くろもじ》を使っていただく

お茶と一緒に出された和菓子を、直接手でつまんで口に運ぶというわけにはいきませんね。添えられている黒文字（爪楊枝《つまようじ》）で一口大に切ります。串団子はいったん串を抜いてから、黒文字がなければその串で刺していただくとよいでしょう。

和菓子を包んでいた紙、桜餅や柏餅の葉はきれいにたたんで、使い捨ての黒文字や抜いた串をその中に差し込んでおきましょう。食べ散らかした感じにしないで、きれいにまとめておくことを心がけます。

四章　好感がもたれる言葉づかい

食事のとき

[食事の前にビールを注文する]

お店に入って席に案内されたら、食事の前にとりあえずはビールということで、こんなふうに頼みました。

× 「おビール1本お願いいたします」

「お」や「ご」をつければ、たしかにていねいな言い方にはなりますが、カタカナの上につけるとおかしくなります。ビルディングを「おビルディング」とは言いませんからね。無理をしてまでていねいに言う必要はありません。

○「ビールを1本お願いします」
○「ビールを1本いただけますか」

このように、ふつうに注文すればよいでしょう。

[おいしいワインが飲みたい]

ソムリエから渡されたワイン・リストには、横文字でワインの名前がずらり。正直、ワインの知識はまったくないので、どのように頼んでよいのかわかりません。ソムリエには思わず、

×「どのワインがいいですか」

と聞いてしまいました。

このようなそっけない聞き方をされても、ソムリエにしてみれば何を基準に選んでよいのかまったくわかりません。すべておまかせにしたいのであれば、注文する料理メニューを具体的に伝えるのが一番です。

○「今日は、この料理をいただきたいのですが、どのワインが合いますか（ワインを選んでいただけますか）」

ワインの値段も千差万別です。あらかじめ予算もいくらぐらいでとはっきり伝えておけば、お会計のときに伝票を見て腰を抜かすことはなくなるでしょう。

「嫌いな食材を入れないで欲しい」

つくる側にしてみれば、せっかくの料理を残されるほどつらいことはありません。それがもし、嫌いで食べられないものだったら、「なんで、はじめに言ってくれなかったの」という思いになるでしょう。

接客係から、「とくに、嫌いなものはございますか」と聞かれることもありますが、たとえば椎茸《しいたけ》が嫌いだったら、注文するときにこちらからそのことを伝えることは失礼にはあたりません。要は伝え方です。

×「椎茸、ダメなんです（椎茸、嫌いなんです）」

椎茸を使う料理なのに、わざわざ抜いたり、別の素材に替えるなどの手間をかけていただくわけです。自分の好みを主張するだけのそっけない言い方は、不遜な気がします。

○「私、椎茸いただけないので別のものにお願いできませんか」

こう言えば、お願いしますという気持ちを込めることができます。

同席した人に、好き嫌いを尋《たず》ねるときも、

×「セロリなんか好きですか」

とあいまいな聞き方をする必要はありません。

○「セロリはお好きですか」

とストレートに言ったほうがスッキリするでしょう。

「注文した料理がなかなか出てこない」

同じタイミングで料理を注文したのに、自分の分だけなかなか出てこないことがありますね。お腹がすいてイライラしていることも手伝って、ついぞんざいな言い方になってしまいがちです。

×「あの〜、まだ〜（まだですか）」

不機嫌になるのはわかりますが、そんな言い方をしたら、食事をしているまわりの人も、あまりよい気持ちはしません。

○「□□を注文（お願い）しているのですが」

お店がついうっかりということもあるでしょうから、注文が通っているかどうかを確認するだけにとどめて、「早くしてください」とは直接言わないほうがよいでしょう。

［注文した料理と違うものが出てきた］

最近は、どのお店でも注文した内容をくり返すことが習慣やマニュアルになっていますから、出てきた料理が注文したのと違っていたというケースはほとんどなくなりました。

それでも万が一違っていたら、どう言ったらよいでしょうか。

×「これ、頼んでいませんけど」

料理がなかなか出てこないときと同じで、たしかにこのような言い方をしたくなる気持ちはわかりますが、あまりに不機嫌になり過ぎては、料理もおいしくなくなってしまいます。

○「注文（お願い）したのと違いますが……」

このように、おだやかに告げてはいかがでしょう。

[目上の人を食事に誘う]

友だちや職場の同僚といった気心が知れた仲でしたら、食事も気軽に誘うことができますが、目上や立場が上の人に、

×「今日は、何を食べますか」

という誘い方をするのは、ちょっとフランク過ぎる気がします。相手を立てて言うときには、「食べる」は「召しあがる」に変わりますから、

○「今日は、何を召しあがりますか」

といった言い方をします。

同じテーブルに座っているまわりの人が、料理が出揃うまで遠慮して食べはじめるのを待っているようなときも、

×「先に食べてください」
×「先にお食べください」
×「先にいただいてください」

ではなく、

○「どうぞお先に召しあがりください」
○「どうぞお先に召しあがってください」
○「どうぞお先にあがってください」

というすすめ方をします。

【おいしかったとお店にお礼を言う】

おかげで、おいしく楽しい食事の時間を過ごすことができました。感謝の気持ちを伝えてお店を出たいところですが、そのときのひと言。

×「すっごくおいしかったです」

なじみのお店や大衆的なお店でしたら、こんなカジュアルな言い方も似合うかもしれませんが、

○「ごちそうさまでした。とてもおいしくいただきました」

と笑顔でこう伝えたほうが、よりていねいな印象です。

病気のお見舞いに行って

[病人に会って、最初に声をかける]

弱気になったりいらついたりと、人は病気になると、健康なときよりもずっとデリケートになりがちです。病室での不用意なひと言には注意しましょう。

×「ちょっと、やせたね」
×「やっぱり顔色が悪いね」
×「原因は何だったんですか」
×「手術の結果はどうだったんですか」

本人に会ったときの第一印象をストレートに言ってしまったり、病状をしつこく聞いたり、病気の知識をひけらかすのは、してはいけないことです。

○「気分はどうですか」
○「もう落ち着かれましたか」

といったように、さりげないひと言をかけてはいかがですか。病気の話題は、できるだけ避けるように。

［仕事のことは気にしないでと伝える］

病気で会社を休んでいても、病人は仕事のことで迷惑をかけていやしないかと気になって仕方がないはずです。そんなとき、励ますつもりで、

×「仕事は大丈夫、万事順調ですよ」

という言い方をしたら、「私なんかいなくたって、代わりはいくらでもいるんだ」と変に勘ぐられてしまうおそれがあります。

○「仕事のことは忘れて、治療に専念してください」

としたほうが、素直に受け取られやすいでしょう。

［看病している家族をねぎらう］

病気見舞いに行ったら、本人ばかりでなく、付き添っている家族にもねぎらいの言葉を忘れずにかけましょう。しかし、

×「看病、お疲れではないですか」
×「看病、たいへんですね」

といった言葉を、病人がいる前で言ってしまったらどうでしょうか。それでなくても、家族に迷惑をかけてしまっていることをもっ

とも気にしているのは病人自身です。そのことを他人から言われたら、つらさの上塗りになってしまいます。

○「お疲れでしょう。お手伝いできることがありましたらおっしゃってください」

同情したり慰めたりするだけでなく、「力になりますよ」という思いを具体的に伝えてはいかがですか。家族に対するねぎらいの言葉は、できるだけ病人がいる前では言わないように。

［持ってきた病気見舞いの品物を渡す］

病室を訪ね、お見舞いの品を渡すときに添えるひと言。

×「つまらないものですが」

お見舞いの品は、お宅を訪問するときの手みやげとは違います。早く元気になって欲しいために、さまざまな思いを込めて持参するものですから、ここまで遠慮気味に言うことはありません。

○「気晴らしになるのではないかと思いまして」

○「気分のよろしいときにでも、いかがでしょうか」

このように、お見舞いの品に込めた思いを

さりげなく伝えることが励ましにもなり、病人はそれを見たり触れるたびに、お見舞いに来てくれた人の気持ちに触れることができると思うのです。

通夜・葬式にて

[身内に不幸があったことを知らせる]

身内の不幸を、次のように知らせることが多いようですが、どちらも間違いです。

×「祖母が死にまして」
×「祖母が亡くなりまして」

「死ぬ」という表現はとてもストレートで、そうでなくても伝えた相手をビックリさせてしまいます。

といって、「亡くなる」という言い方は、目上の人に対して使われるものであって、身内に対して使うのはふさわしくありません。「亡くなる」も「死ぬ」も身内の死の表現としては極端過ぎるという印象です。

○「祖母を亡くしまして」
○「祖母に死なれまして」

身内の死を、ソフトにていねいに伝えるときは、このような表現が適切です。

[受付でお悔やみを言う]

通夜や葬式に出席したら、受付では持参した香典を渡し、芳名帳に記帳します。そのときは、ぜひお悔やみのひと言を添えたいところです。

×「ご愁傷《しゅうしょう》様」

「愁傷」というのは嘆き悲しむという意味で、よく耳にすることでしょう。しかし、このようにそっけない言い方をされてしまうと、「おあいにくさま」と同じで、どこか皮肉っぽく軽いニュアンスに聞こえてしまわないでしょうか。

○「このたびは、ご愁傷様でございます」

おごそかな場所ですから、言葉を端折《はしょ》らずに、「このたびは」や「ございます」をつければ、気持ちが込もったよりていねいな言い方になります。

[遺族に会ってお悔やみを言う]

通夜や葬式で遺族に会ったとき、どんなお悔やみの言葉をかけたらよいのでしょうか。

×「□□様が亡くなられて、さぞおつらいでしょう（悲しいことでしょう）」

もし、このような言い方をしたら、遺族の

つらい思いをさらに増幅させるに決まっています。「つらい」や「悲しい」という言葉は、絶対に使わないようにしましょう。

×「□□様が亡くなられて、かえすがえすも残念です」

この表現のどこがいけないのかと思われるでしょうが、問題なのは「かえすがえす」です。ほかにも、「重ね重ね」「重々《じゅうじゅう》」「またまた」「たびたび」のように言葉を重ねるのは、「同じことを二度くり返す」という意味になり、使ってはいけない忌《い》み言葉です。

○「□□様が亡くなられて、残念なことです（残念なことでございます）。心からお悔やみを申しあげます」

ワイドショーの司会者が、「ご冥福《めいふく》をお祈りいたします」とよく言っていますが、「ご冥福」は仏教の用語。仏教徒かどうかわからない人にこう言うのは問題です。「お悔やみ」を申しあげたほうがよいでしょう。

［受付係をまかされ、香典を受け取る］

親族であったり、故人とごく親しい間柄であったりすると、通夜や葬式の受付係を頼まれることがよくあります。参列者から香典を差し出されたときに、

×「頂戴します」

×「いただきます」

と言うのは間違いです。

受付係は、あくまでも香典を預かって遺族に渡すのがその役割です。本人のものではないのに、「いただきます」はおかしいですね。

○「お預かりいたします」

○「供えさせていただきます」

遺族の代理であるという立場をわきまえて、いったん預かること、代わって祭壇に供えることを相手に伝えればよいでしょう。さらに、「ごていねいに（ご会葬いただき）、ありがとうございます」といったお礼の言葉を添えれば、申し分ありません。

［受付で、参列者に記帳をお願いする］

×「こちらに、お名前をお書きしてください」

×「こちらに、お名前様をお書きください」

「お書きする」は、自分を相手より低くした言い方で、ていねいに「ください」と添えても、相手に対して使うのは適切ではありません。「お名前様」も、敬意を表す「お」を上につけ、なおかつ下に「様」をつけるのは余計なことです。

○「恐れ入りますが、こちらにお名前をご記入ください」

「恐れ入りますが」「失礼ですが」「お手数ですが」「申し訳ありませんが」といったように、表現のニュアンスをやわらかくするクッション言葉を頭に添えるとよいのではないでしょうか。

暮らしの中で

[電車の中で足を踏んでしまった]

満員電車の中で足を踏んでしまったり、人混みで出会い頭《がしら》にぶつかってしまったとき、「混んでいるんだから仕方ないだろう」と言わんばかりに黙っていては、お互いあと味が悪いもの。意図的ではなくても、こちらから先にあやまれば、気持ちはスッキリします。

×「あっ、ごめん」

×「あっ、失礼」

×「悪かったなあ」

このような取ってつけた言い方でも、何も言わないよりはマシなのかもしれませんが、相手によっては、「何だ、そのあやまり方は」と反発されかねません。やはり、申し訳ないという気持ちを伝えるのでしたら、

○「すみません（でした）」

○「ごめんなさい」

○「申し訳ありません」

とやわらかい口調で。あやまられたほうも、

○「いいえ、どういたしまして」

○「いいえ、どうぞお気になさらずに」

などと返します。

[落とし物を拾ってくれた]

日々の暮らしで、相手に感謝の気持ちを伝えるシチュエーションはさまざまあります。

スカーフを落としたことに気づかない女性を追いかけて渡したところ、振り返りもせず、お礼も言わず、会釈もせず、ただ受け取ってさっさと立ち去られてしまったことがあります。

親切は、別にお礼を言って欲しくてやるわけではありませんが、お礼のひと言もないと、なんとなくすさんだ気持ちになります。

×「どうも」

△「すみません」

「どうも」は、「何も言わないよりは」のレベルで、感謝の気持ちが十分に伝わるとは思いません。「すみません」はよく使われますが、「ありがとう」の意味以外にも「お願いします」「ごめんなさい」の意味でも使われる多用語ですので、間に合わせという印象が強くします。

○「ありがとうございます」
○「たいへん恐縮（感謝）しております」
○「お礼（感謝）申しあげます」
○「おかげさまで、□□することができました」

言葉を省略しないで、笑顔でこう言ってみてはいかがでしょう。

【今すぐに、水道の修理に来て欲しい】

水道の蛇口が壊れて水が止まらなくなってしまいました。以前に取り付け工事をしてくれたお店に連絡したところ、別の工事の予約が入っていてすぐには行けないという返事。応急処置だけでもと思って、無理を承知でお願いするのですが、予約があるの一点張りでなかなかOKと言ってくれません。

そこで、思わず、

×「そこを何とかしてくださいよ」

せっぱ詰まっていれば、語気を強めてこう言いたくもなりますが、売り言葉に買い言葉です。強く言われれば、強く言い返すのが人情というものです。

○「何とかお願いできませんでしょうか」
○「何とかご配慮願えませんでしょうか」

このように、おだやかにお願い口調で接すれば、相手も「じゃあ、何とかしましょうしょうか。

【届けた荷物、管理人に預かって欲しい】

友人の家に荷物を届けに行ったところ、あいにくの留守でした。持ち帰るわけにはいかなかったので、マンションの管理人にお願いすることにしました。

×「この荷物、預かってもらえますか（くれますか）」

たしかに、荷物を預かるのは管理人の仕事のうちかもしれませんが、「もらう」というと、「預かるのは当然」という思いがどこかにあって、対等な立場の人に言っているなという印象です。

○「この荷物、預かっていただけませんか」

とくに目上や知らない人にお願いする立場としては、「もらう」ではなく、自分を相手より低い位置に置いたときの「いただく」に変えるのが正しい言い方です。

【資料の字が小さくて読めない】

役所の窓口に相談に出向いたところ、「先にこの資料に目を通しておいてください」と言われました。ついうっかりメガネを忘れてしまったために、書かれてある字が小さくて

読めません。そこで、担当者に、

×「この資料をお読みしてくださいませんか」

とお願いしましたが、この言い方、どこか変ですね。「お読みする」は、自分が相手に対して行うものなので、このときに使うのは間違い。正しくは、

○「この資料を読んでいただけませんか」

となります。

［新築披露で、家をほめられた］

新築披露にお招きした相手から、「ずいぶんおしゃれな家を建てられましたね」とほめられたので、謙遜して「とんでもない。狭い家なんですよ」と答えました。

この場合の「とんでもない」は、相手の言うことを否定するときによく使います。「滅《めっ》相《そう》もない」はあまり使われなくなりましたが、意味は同じです。ところが、女性は、

×「とんでもありません（ございません）」

×「滅相もありません（ございません）」

とていねいに言おうとしますが、この言い方は、目上の人に対しては使いませんし、文法も間違っています。「とんでもない」「滅相もない」は、「とんでも」や「滅相も」が「ない」のではなく、「とんでもない」「滅相

もない」で一つの言葉なのです。

ですから、ていねいに言いたかったら、

○「とんでもないことです（ことでございます）」

○「滅相もないことです（ことでございます）」

といったように、「とんでもない」「滅相もない」の下に「ことです」「ことでございます」をつけるのが正しい言い方です。

[目上の人が到着したことを告げる]

何年かぶりの同窓会です。生徒たちはすでにお店に集まっていて、先生が到着したことを告げに幹事が戻ってきました。

×「先生が来ました」

最近は、先生に対してもタメ口をきく生徒たちがふえていますが、やはり目上の人には敬意を込めた言い方をすることが望ましいでしょう。

○「先生が来られました」

○「先生がお見えになりました」

○「先生が見えました」

○「先生がいらっしゃいました」

○「先生がおこしになりました」

○「先生がおいでになりました」

「来る」の敬意を込めた表現は、こんなにたくさんあります。

また、「言う」の敬意を込めた表現は、「おっしゃる」ですから、

×「先生が言った」

ではなく、

○「先生がおっしゃった」

となります。

[先に寝るときのあいさつ]

夜も更けて、先に部屋に戻って寝ることに

しました。家族や友人同士でしたら、

△「お休みなさい」

でもかまいませんが、目上の人には、

○「お先に休ませていただきます」

のあいさつを。

ビジネスにて

［営業のために、外出する］

営業のためであったり、書類を届けるためであったり、外出をするときは同じ部署の人に、必ずあいさつのひと言を。

△「行ってきます」

ランドセルを背負って元気に家を飛び出す子どもでしたら、これでもOKですが、会社には目上の人もいますので、

○「行ってまいります」

と、「来る」の自分の位置を相手より下げた言い方、「まいる」を使ったほうがよいでしょう。「きます」と「まいります」は、ほんのわずかな言葉数の違いですが、相手に与える印象は大きく違います。

同じように、外出先から会社に戻ったときもあいさつをすることは、言うまでもありません。

△「ただいま」

○「ただいま帰りました（戻りました）」

「ただいま」だけではなく、省略をしないていねいな言い方をしたほうが好感がもたれます。

［先に帰宅する上司に言葉をかける］

勤務時間が過ぎて、残業をしている部下を横目に上司が先に帰宅。「お先に」のあいさつに対して、部下が

×「ご苦労様でした」

と返してはいけません。

お殿様が家臣に向かって「ご苦労であった」とねぎらうシーンは時代劇によくありますが、この言い方は昔から、上司（目上）から部下（目下）に対して使うもので、その逆には使えません。

○「お疲れ様でした」

とするのが適切です。

ただし、会社に来たお客様がお帰りになるときは、いずれも失礼な言い方ですから注意しましょう。

[接客中の上司に急ぎの用件を伝える]

上司が別室で接客中に、電話が入りました。相手には、こちらからかけ直すと伝えたいところですが、急ぎの用事だったり、相手の強い要望でそうはいかないケースもあります。電話を受けた人は、上司に急ぎの電話が入っていることを告げますが、

×「あの～、ちょっとすみませんが……」

では、途中で割り込む無礼をお許しいただきたいという気持ちが込められていません。

接客の相手からも、「この会社、社員教育ができていない」と思われても仕方がないことかも。

○「お話し中に申し訳ありませんが……」
○「お話し中に恐れ入りますが……」

と、ていねいに。

ただ、電話をかけてきた人が接客相手のライバル会社の人であったり、用件は秘密のことかもしれません。用件そのものは口頭で伝えるより、メモをそっと渡すようにしたほうが無難です。

[上司からの依頼を承諾する]

職場で、上司から仕事を頼まれることはあたりまえのことです。指示を受けたら、その

まま黙って席に戻るようなことはしないでしょうが、

△「わかりました」
△「承知しました」

と言うだけでは、「はいはい、わかりましたよ。やればいいいんでしょ」といった、どこか投げやりなニュアンスが感じられます。やはり、上司には敬意を込めて、

○「(はい)、うけたまわりました」
○「(はい)、かしこまりました」

と言うように。この「はい」を元気に言うと、上司に対する受けのよさはさらにアップします。

もし、第三者から仕事の依頼があったら、同じように、

○「(はい)、お受けいたします」

と言います。

【期限までに書類の作成ができない】

上司に呼ばれて、「明日のお昼までに、書類を作成して欲しい」と頼まれました。ところが、ほかにたくさんの仕事をかかえているし、前からのはずせない予定があって残業もできず、とてもできそうにありません。そこで、

×「悪いんですけど、明日のお昼までにつくるのは無理です」

とはっきり言ってしまいました。これでは、友だちから遊びに行かないかと誘われて「悪いけど、ちょっと無理かな」と返事をするのとどれだけの違いがあるというのでしょうか。

○「申し訳ありませんが、もう少し（あと□時間）お時間をいただけないでしょうか」

ここは会社ですし、頼まれたのは上司からです。明日のお昼までは無理としても、夕方までだったらできるということもあるでしょう。できる条件を示して前向きな姿勢を見せたうえで、どうしてもお昼までという期限が動かせないのであれば、事情を正直に話すしかありません。

[上司からむずかしい仕事を頼まれた]

上司から頼まれたのは、これまでに一度も経験したことのないむずかしそうな仕事。ある程度キャリアのある人でしたら、経験則《そく》からやり遂げられるかどうか判断はつきやすいのかもしれませんが、若い人であればそうもいきません。

△「むずかしい仕事、私にはできません」

「できそうだ」と安請け合いして、「やっぱりできませんでした」ということになっては信用を失ってしまいます。それなら、先に断ってくれたほうがよかったということもあるでしょう。

○「私には、とても力がおよびません」
○「私には、荷が重過ぎます」
○「残念ですが（せっかくですが、不本意ながら）、辞退させていただきます」

仕事を断るのは、とても勇気がいることです。要は断り方ではないでしょうか。ストレートに言う以外に、これだけのやわらかな表現があるのです。

「上司から仕事の進行状況を聞かれた」

部長から、グループで進めている仕事の進行状況を聞かれましたが、たまたま別の同僚が担当していることがらだったため、

×「知りません」

とそっけない返事。これでは部長も、とりつく島がありません。知らなければ、

○「（よく）存じません」
○「存じておりません」

と言いましょう。

大切なのは、それだけで終わってしまわないこと。自分はその担当ではないこと、担当者から直接報告するよう伝えておく旨《むね》をはっきり部長に言います。そのくらい気をきかせるのは当然のことです。

上司から何か聞かれて、もし知っていることであれば、

×「知っています（わかります）」

ではなく、

○「はい、存じています（存じあげています）」

となります。

[商品を取り替えて欲しいと言われた]

在庫処分の商品なので、明らかに不良品の場合を除いては取り替えできないことをはっきり伝えて販売したのに、お客様から「やっぱり色が気に入らないので取り替えて欲しい」と言われました。そこで、

×「うちでは、取り替えはできません」

あらかじめ、商品の取り替えには応じられないと伝えてあり、売ったほうに落ち度はなかったわけですから、「できません」ときっぱり言ってもかまわない気もします。

しかし、そこはお客様あっての商売、お店

の印象をよくして多くのお客様と長いおつきあいをしたいと思ったら、実際に取り替えはできないにしても、もう少しやわらかい表現はできないものでしょうか。

○「申し訳ございません。私どもでは、お取り替えはいたしかねます」

○「お取り替えいたしかねますが、いかがいたしましょうか」

「うち」ではなくて「私ども」に。「いたす」は「する」の、自分の位置を相手より下げたときの言い方です。「いかがいたしましょうか」といったように、最後の判断を相手にゆだねてしまうのは、物腰のやわらかさを示す一つの方法です。

[契約の交渉を打ち切りたい]

新規の事業を共同で進めようと、契約に向けて交渉を進めていましたが、最後の最後で条件が折り合わず、袋小路に入ってしまっていました。しばらくして、上司からは、「今回の交渉は打ち切ったほうがよい」との指示。そのことを交渉してきた相手に伝えなければなりません。

そこで、

×「この件は、なかったことにしましょう」

という表現を使った場合、そう言われた相手はどう思うでしょう。これまで、まったく同じ立場で交渉してきて、落ち度はないはず。それなのになぜ一方的に、偉そうな言い方をされなくてはいけないのか、とまどうどころか、怒り心頭《しんとう》ではないでしょうか。

○「ご期待に添えず残念ですが、この件につきましては白紙に戻させていただきたいのですが（いただきます）」

といったように、できるだけ低姿勢に。こちらの意向を伝えながら、「いただきたいのですが」といったように、あとは相手の判断にゆだねる言い方をします。残念ながら今回の交渉はうまくいかなかったとしても、これからも取引関係を続けていきたいという大切な相手でしたらなおさらのことです。細かな配慮を忘れてはいけません。

【ミスをして取引先の怒りをかった】

どんな人だって、多かれ少なかれ仕事でミスをしてしまうものです。ミスをしたら、すばやく上司に報告して指示をあおぎ、適切に対処すれば、大事にいたらないですむことも多々あります。

しかし、何とか自分で処理をしようとして対応を誤れば、傷口は広がるばかり。個人のミスにとどまらず全社的な責任に発展しかねません。そうなったとき、損害をこうむった取引先への謝罪は、

×「すみませんでした」

×「ごめんなさい」

といった程度ですむものではありません。

○「お詫びの申しあげようもございません」

○「私の不手際（不行き届き、不始末、不注意）でした。たいへん申し訳ございません」

○「たいへん申し訳ございません。上司ともよく相談して、あらためてご連絡をさせていただきます」

といったように、言葉を尽くして、誠心誠意申し訳ないという気持ちを伝えます。

もし、取引先に呼び出されてクレームを受けたときも、まずはこのように謝罪します。その場で対処できないと判断したら、即答は避け、

○「私の一存では申しかねますので、上司とよく相談をしまして、あらためてご連絡をさせていただきます」

と、時間の猶予をいただくようにお願いします。

【お客様に用件を聞く】

会社に来たお客様にその目的や用件を尋ねることは、ごくあたりまえのことです。問題はその言い方でしょう。

×「何の用ですか」

×「どんなご用ですか」

極端な話、まるで不審者に職務質問をするかのような応対は相手にはとても失礼です。

△「ご用件は何でしょうか」

とくにどこが悪いということではありませんが、事務的な印象はまぬがれません。

○「失礼ですが、どのようなご用件でしょうか」

○「失礼ですが、ご用件をおうかがいしても（お聞かせいただいても）よろしいでしょうか」

「失礼ですが」と相手への問いかけを前にもってきて、物腰の低い言い方をすれば問題はありません。

「アポ（約束）があるかを確認したい」

お客様に対して、アポがあるかないかを聞くときは、

△「アポはございますか」

とストレートに聞かずに、

○「恐縮（失礼）ですが、お約束なさっていますでしょうか」

○「恐縮（失礼）ですが、お約束をいただい

ておりますでしょうか」

とおうかがいをする言い方にすれば、失礼にはなりません。

アポがないお客様に対して、「取り次ぎはできません」と勝手に断ってしまってはいけません。たまたまアポがなかっただけで、もしかしたら大切な取引先の人ということもあり得ます。面会先の部署に必ず連絡をとって、指示をあおぎます。

［面会の取り次ぎをお願いする］

営業部長の田中さんと商談をする約束があり、取引先を訪ねました。受付で、面会の取り次ぎをお願いするとき、

×「田中営業部長さん、いますか」

では、相手に失礼です。それに、部長や課長という役職名は敬称ですから、そこに「さん」を重ねるのも誤りです。

○「営業部長の田中様はいらっしゃいますか」

「いる」の敬語は「いらっしゃる」ですから、このように言いましょう。

△「部長にお会いしたいのですが」

○「田中部長にお目にかかりたいのですが」

でもOKです。

「□□会社の××と申しますが」というように、まず自分の会社と名前を名乗ってから取り次ぎをお願いすることは言うまでもありません。

「面会相手の帰社時間が知りたい」

面会したい田中部長は、あいにく外出中。あらためて出直したほうがよいか、どこかで時間をつぶして待つかを決めたいので、部長の帰社時間を聞くことにしました。

×「田中部長は、何時ごろにお戻りになられますか」

「お戻りになられますか」は、「お〜になる」の尊敬の表現と、「れる、られる」をつけるだけで簡単に敬語になる「られ敬語」が重なっています。「お見えになられる」も「おっしゃられる」も、同じように敬語が重なる「二重敬語」です。これを多用すると表現が過剰になって嫌《いや》みに聞こえますので注意しましょう。

○「田中部長は、何時ごろにお戻りになりますか」

○「お戻りの時間を教えていただけますか」

無理してややこしく言おうとする必要はありません。

［外出中の部長宛に来客があった］

オフィスの入口にお客様の姿を見つけ、すぐに出向いて応対をしましたが、相手が面会したい山田部長は外出中でした。そこで、

×「ただいま山田部長さんはいらっしゃいません」

×「あいにく、山田部長は留守をしております」

これらの言い方には、いくつもの間違いがあります。

身内のことを、「いる」の敬語「いらっしゃる」を使って第三者に伝えてはいけません。正しくは、「おる」を使います。

部長など役職名は敬称ですから、「山田部長」は山田さんというのと同じこと。第三者に対して、身内に「さん」はつけません。

ビジネスでは、「留守」という言葉を使うのはなじみません。「外出」としたほうがよいでしょう。

また、「あいにく（ですが）」は「外出をしていて申し訳ありませんが」と相手を気づかう言葉ですが、言い方によっては「おあいにくさま」と皮肉を込めたようにも聞こえますので注意しましょう。

○「ただいま部長（の山田）はおりません」

○「ただいま部長（の山田）は外出しております」

と簡潔に。部長が不在の理由をわざわざ言う必要はありません。

[会議で所属部署の見解を述べる]

プロジェクトを立ちあげるための会議で、営業部としての意見を求められた部長は、

×「営業部的には、○○のように考えます」

と発言。「〜的」は、もともと「〜の」「〜のような」「〜に関する」という意味で使われてきたものです。「〜としては」という意味で「〜的」を使うのは、「ぼく的」「私《わたし》的」を乱発する若者だけとは限らなくなってきました。

しかしここでは、

○「営業部としましては、○○と考えます」

と言葉を端折らないほうが、「その表現、どうもなじめない」という人から反発されるおそれはなくなります。

[探しものが見つかるまで、待たせる]

会社の資料センターに、目上の社員が資料を探しに来ました。すぐに見つかりそうもないので、しばらく待っていただかなければなりません。そこで、ひと言。

×「しばらくお待ちしてください」

「お待ちする」「お調べする」といったように、「お～する」に自分の動作を入れると、へりくだる表現になり、こういう言い方はよく使われています。

しかし、この場合は待つのは自分ではなくて目上の社員なわけですから、この言い方は間違いです。次のような言い方を。

○「しばらくお待ちください」

また、ほかにも探している資料があるかどうかを尋ねるときの、

×「何かほかに、お探ししたい資料がありましたら……」

という言い方も間違いです。相手を立てる「お～なる」を使って、

○「何かほかに、お探しになりたい資料がありましたら……」

となります。

【上司の代理で書類を取りに行く】

上司と打ち合わせ中、別の部署の書類を参考にしたいと言われました。自分が取りに行くことを申し出たまではよいのですが、

×「ぼくが書類をもらいに行きます」

これでは、同僚社員に対する言い方と同じです。上司のことを立てて、「もらう」は「いただく」「頂戴する」に変えます。

○「私が、書類をいただきに（頂戴に）あがります」

と言います。ビジネスでは、自分のことを「ぼく」と言うのはなじみません。

［企画書のチェックを上司にお願いする］

やっとの思いで仕上げた企画書ですが、会議にかける前に部長のチェックが必要です。

×「部長、企画書見ていただけますか」

一見問題はなさそうですが、「見て」がいけません。「見る」の敬語は「ご覧になる」ですから、

○「部長、企画書ご覧になっていただけますか」

となります。「ご覧」ではなく「お目通し」でもかまいません。

［会議で調査の結果を報告する］

新商品の開発のために、市場調査をまかさ

れたマーケティング担当者。社内会議に出席して、その結果を報告するように言われました。おもむろに立ちあがって、

△「結果をご報告させていただきます」

別に悪くはないのですが、このように遠慮したような言い方をすると、謙虚というよりは、なんとなく自信がなさそうに思われがちです。

○「結果を報告いたします」

こう言い放って、堂々と報告をはじめればよいのです。

［上司から伝言をことづかった］

部長の代理で、取引先に出向きました。部長からは、「先方には、くれぐれもよろしくとお伝えするように」とことづかっていたので、到着して開口一番、

×「部長がよろしくとおっしゃっていました」

と伝えました。

本来、取引先を前にしては、部長も自分も相手より低い位置に立たなければいけないのに、部長に敬意を込めた「おっしゃる」という言い方をしたら、相手と同じ位置になって

しまいます。「言う」の相手を立てる言い方は「申す」ですから、

○「部長が、くれぐれもよろしくと申しておりました」

「よろしく」と「と申して」の間には、「お願いしますとお伝えするように」という言葉が省略されています。これを端折らないできちんと加えれば、よりていねいな言い方になります。

[取引先から伝言をことづかった]

部長の代理で取引先との打ち合わせを終えると、今度は相手から帰り際に、部長宛の伝言をことづかりました。間違いなくお伝えするというつもりで、

×「ご伝言は部長に申しあげておきます」

たしかに、部下が上司に直接伝言を伝えるわけですから、「言う」の相手を立てる言い方「申しあげる」を使いたくなるのはわかります。しかし、この場合は立てる相手は部長ではなく取引先のはずです。「あげる」は不要です。

○「ご伝言は部長に申し伝えます」
○「部長にはそのむね申し伝えます」

このどちらの言い方でもOKです。

［とった電話が、部長宛だった］

勤務時間中には、デスクには一日に何本もの電話がかかってきます。部長宛の電話を部下がとることはよくあることで、電話をとったら、そばにいる部長にすぐ知らせなくてはなりません。

△「部長、お電話です」

この伝え方はとても端的で、間違いとは言い切れません。

しかし、新入社員の研修では、「電話を取り次ぐときは、必ず相手の会社と名前を聞く」と教わったはずです。「だって、相手が名乗らなかったから」というのは理由になりません。

「失礼ですが、どちら様でしょうか」というように相手にうかがって、□□会社の△△課長であることを確認したうえで、部長に伝えます。

○「部長、□□会社の△△課長よりお電話です（お電話が入っております）」

「お電話です」より「お電話でございます」のほうが、よりていねいです。

［名刺の名前の読み方がわからない］

取引先の新任の担当者からいただいた名刺

には、「阪上一郎」と書かれてありました。

人の名前を間違えることは、とても失礼なことです。名刺を交換したときに、うっかり聞き逃してしまったので、「さかがみ」と読んだらよいのか「さかうえ」と読むのか、あらためて聞くことにしました。

×「この名前、何と読んだらいいんですか」

これでは、対等の立場の人に対する聞き方になってしまいます。自分の立場を相手より下に置いて、

○「お名前は、どう（どのように）お読みしたらよろしいのでしょうか」

と、ていねいに尋ねましょう。

×「お名前は、さかがみさんですね」

といったように、決めつけた言い方はしないように。

○「お名前は、さかがみ様とお読みしてよろしいのでしょうか」

とすれば、実際にはさかうえさんだとしても、それほど失礼にはならないでしょう。

【上司にゴルフが趣味かを尋ねる】

人事異動で、ほかの部署から営業部に配属

になりました。早く部署になじんで欲しいと部長が開いてくれた親睦会で、お酌をしながら部長の趣味についてこう尋ねました。

×「部長は、休日はゴルフをおやりになるのですか」

「えっ！　どこがいけないの」という声が聞こえてきそうなくらい、よく使われていますが、これでも意味は通じますが、

○「部長は、休日はゴルフをなさるのですか」

が正解です。「する」の敬語は「なさる」ですし、ゴルフは「やる」ものでなく「する」ものですから、「なさるのですか」が正しい言い方になります。

ほかにも、「運転する」は「運転なさる」、「利用する」は「利用なさる」になります。

［部長に週末の予定を聞いてみる］

親睦会の席で、部長はゴルフ以外に秘湯巡りも趣味であることを知って、こんな質問をしてみました。

×「部長、今度の週末、長野県の秘湯には一人で行かれるのですか」

すると部長は、「年寄りだと思ってバカにするなよ」と笑って答えました。「部長は変なことを言うな」とはじめは不思議に思いま

したが、ふと気づいたのです。

部下は、秘湯には奥さんや家族同伴ではなく、たった一人で行くのかどうかを聞きたかったのに、部長のほうは、誰かの付き添いがなくて一人の力で秘湯まで行くことができるのかを聞かれたと勘違いしたのでした。「まだ若いんだから、どんな秘湯だって一人で行けるよ」という思いだったのでしょう。

「行く」は「行かれる」、「見る」は「見られる」といったように、動詞に「れる」「られる」をつける言い方をよくしますが、尊敬だけでなく、可能、自発、受け身といった意味にもなります。敬意を込めた「行かれる」と、可能の意味の「行かれる」が見事にすれ違ってしまったわけです。同じ言葉でも、話の流れによっては、いつもこちらの意図が正確に伝わるとは限りません。

○「部長、今度の週末、秘湯には一人でいらっしゃるのですか」

といったように、「行かれる」ではなくて、「行く」の敬語「いらっしゃる」を使っていたら、いらぬ誤解を生まないですんだかもしれません。

五章　いつも気になる、おつきあいのお金

慶事

結婚祝いの金額

結婚のお祝いは、
①現金だけを贈る
②品物だけを贈る
③現金と品物の両方を贈る（親しい間柄）

の3つのパターンがあります。贈る金額は、新郎新婦との関係、披露宴に出席するかしないか、一人か夫婦連名か、場合によっては贈る側の年齢によっても違ってきます。

品物だけ贈る場合は、現金と同程度のものを。現金だけでしたら3万円贈るところ、現金を2万円にしたら品物は5000円でもかまいません。何を贈ったらよいか迷ったら、相手に率直に聞いてしまうのが一番です。

［贈り先が親族＝披露宴に出席］
兄弟・姉妹　3万～10万円（5万～10万円）
甥・姪　3万～5万円（5万～10万円）
いとこ　3万円（5万円）
その他の親類　3万円（5万円）
（　）内は、夫婦連名の金額

［贈り先が親族＝披露宴に出ない］
甥・姪　1万～2万円
いとこ　1万～2万円
その他の親類　1万～2万円

［贈り先が友人・会社関係＝披露宴に出席］

友人・知人　2万〜3万円
友人・知人の家族　2万〜3万円
勤務先の同僚　2万〜3万円
勤務先の部下　3万円
取引先関係　3万円
隣・近所　2万〜3万円

［贈り先が友人・会社関係＝披露宴に出ない］
友人・知人　1万円
勤務先の同僚　5000〜1万円
勤務先の部下　1万円
取引先関係　1万円

お祝いの金額は偶数でもかまわない

日本では昔から、慶事には吉とされる奇数、弔事には反対に偶数の金額を贈るのが習慣でしたが、いくつか例外があります。

2万円は偶数ですが、2を「一対」（二つで一つ）と考えれば吉数になりますから、慶事にも使えます。

8万円は偶数ですが「八」は末広がりでおめでたく、10万円も偶数ですが1が奇数なので、慶事のときに使ってもかまいません。

ただし、9万円は奇数ですが、「苦」を連想させるので慶事には使いません。

新札を用意する

結婚は新しい門出のお祝いですから、現金を贈るときは、使い古されたお札ではなく、新札を用意して祝儀袋に入れるのがふさわしく思います。あらかじめ結婚式の日取りはわかっていますから、それまでに銀行などで調達することはできるはずです。

贈る金額に見合った祝儀袋を選ぶ

お祝いの現金は、のしのついた祝儀袋に入れます。たくさんの種類がありますが、体裁が大げさな割に金額がわずかだったということがないように、金額や贈る人の立場に見合った祝儀袋を選びます。

1万～3万円のときは水引は金銀の「あわび結び」か「輪結び」、5万円からは金銀の「飾り結び」、10万円以上は松竹梅つきの「飾り結び」のものがふさわしいでしょう。

結婚に関するものはすべてのしつき、水引は「一度結んだらほどけない」という意味で、結び切り（あわび結び、輪結びなど）のものを使います。

祝儀袋上段の表書きは、「寿」「壽」「御結婚御祝」「寿御結婚」が一般的。

名前は下段の中央にフルネームで、文字はくずさずに楷書《かいしょ》体で書きます。連名は3人までとし、右から順に中心線を中央にバランスよく。4名以上のときは、中央に代表者の名前を書き、その左に「外一同」「友人一同」などとします。

祝儀袋の裏の折り返しは、下側を上に

祝儀袋の裏を見ると、上と下からの折り返しの先が少し重なるようになっています。こ

の重ね方、今まであまり気にされたことはないかもしれませんが、実は、決まりがあるのです。

祝儀袋は、「喜びを受け止める」という理由から、下からの折り返しが上にくるように重ねます。香典袋は、その反対に「悲しみを流す」という理由で、上からの折り返しを上に重ねます。

弔事のときは上が上に重なる

慶事のときは下が上に重なる

この重ね方の説明は、袋を包装しているビニール袋にも印刷されていることがありますので、確認するとよいでしょう。

祝儀袋をふくさに包んで持参します。ふくさの包み方は、慶事と弔事で違いますが、挟みふくさであれば、挟んで入れるだけで扱いが簡単ですのでおすすめです。

結婚祝いは、結婚式の前に贈る

祝儀袋は、結婚披露宴の受付で渡すもので、そうしなければ会場には入れないと思っていたら、それは大きな誤解です。

結婚のお祝いは、遅くても結婚式の1週間前までに贈るもの。直接手渡ししても、祝儀袋や商品券を現金書留で郵送してもかまいません。結婚する人にすれば、式の費用の足しになりますし、当日大金を預かった受付係も盗難にあう心配をしなくてすみます。

当日、受付で祝儀袋を渡さなかったからといって「あのぉ、お祝いは」と呼びとめられることはないでしょうから、「先にお届けしてありますから」「もう渡してありますから」などと余計なことを言う必要もありません。記帳するだけで会場に入ってもかまわないのです。

買って欲しい品物を表書きにする

結婚のお祝いを現金で贈るとき、表書きとしては、「寿」「御祝」「御結婚祝」がよく使われます。

また、買ってもらいたい品物の名前に「料」をつけて現金を贈るという方法もあります。そこには、「お祝いに欲しいと言われた品物を贈りたいところだけど、色やかたちの好みがよくわからないので、いっそのこと、お二人で選んで買ってください。その分のお祝い金です」という気持ちを込めることができます。

無地、結び切りの水引の祝儀袋を手に入れ、水引の上に楷書体で「洗濯機料」「冷蔵庫料」などとすればＯＫです。

結婚する側が用意する金額

結婚する側は、お祝いをいただくばかりではありません。仲人への謝礼など用意しなければいけないお金があり、用途に応じた祝儀袋が必要になります。

［仲人への謝礼］

結納《ゆいのう》から結婚式まで通して仲人をお願いした場合、謝礼は結納金の2割、結婚式だけの場合はその1割とされています。最近は、正式に結納を交わさないことが多いので、その場合は20万円ぐらいが相場です。

挙式の2〜3日後に仲人宅にうかがって届けるものですが、遠方などで無理な場合は挙式の当日に渡してもかまいません。

金銀の結び切りの祝儀袋に入れ、「御礼」と表書きします。

神父、神官、僧侶への謝礼金額はケース・バイ・ケースですので、きちんと相手に確認しましょう。やはり、金銀の結び切りの祝儀袋に「御礼」と表書きして渡します。

［お車代］

仲人のほか、来賓《らいひん》や遠方からの友人に用意します。金額は遠方の方へは実費の約1・5倍、近場の方へはタクシー代換算で、約3倍が目安です。のしと水引が印刷されたのし袋に「御車代」と表書きします。

［手伝いへの謝礼］

司会や受付をしてくれた友人への謝礼は、5000〜2万円と区切りのよい金額が目安で、のしと紅白の水引が印刷されたのし袋に「御祝儀」と表書きします。しかし、好意にはお金よりレストランや自宅に招待してお礼の気持ちを伝えたほうがよいでしょう。

［式場関係者への心付け］

式場の着付け係や介添え係への心付けは、

２０００～３０００円が目安です。

のしと水引が印刷された小さめののし袋に「寿」と表書きして渡します。

お返しは、お祝いの半額程度

お祝いをいただきながら披露宴に招待できなかった人へのお返しは、結婚式のあと１ヵ月以内に、お祝いの３分の１～半額程度の品物を贈ります。結び切りの水引にのしつきのかけ紙をかけ、「内祝」「寿」と表書きしてお礼状を添えます。ただ、お返しをするまで黙っていないで、お祝いが届いたときにお礼の手紙や電話は忘れずに。

弔事

香典の金額

香典は、のしのついていない不祝儀袋に現金を納めて持参します。金額は、故人との関係、つきあいの深さ、自分の立場などを考慮して決めましょう。金額の目安は、次の通りです。

両親	３万～10万円
兄弟・姉妹	３万～５万円
祖父母	１万円
おじ・おば	１万円
その他の親類	１万円

友人・知人	5000〜1万円
友人・知人の家族	5000〜1万円
勤務先の上司	3000〜1万円
勤務先の同僚	3000〜5000円
勤務先の部下	3000〜1万円
勤務先社員の家族	3000〜5000円
取引先関係	5000〜1万円
隣・近所	3000〜5000円

不祝儀袋は、包む金額に見合ったものを選びます。仏式の場合、1万円以上は双銀の水引、5000円のときは黒白の水引。3000円のときは水引が印刷された略式の不祝儀袋に入れるのが目安とされていますが、できれば印刷のものは避けたいところです。

金額に迷ったときは、多めに包んだほうが後悔しません。同じ立場で参列する人と相談して金額を合わせるのもよいでしょう。悲しみごとは偶数とされていましたが、祝儀と同じように奇数にするのが一般的です。

供花《くげ》や供物《くもつ》の金額

供物や供花は、親族や、故人ととくに親しかった友人などが贈るもので、一般の会葬者は香典だけでかまいません。

花輪や、祭壇に飾る生花、果物盛りかご、缶詰盛りかごなどを贈るときは、事前に遺族や世話役代表に相談し、意向を尊重します。贈るときは、祭壇の飾りつけに間に合うよう、早めの手配が必要です。

花輪（1基）　1万円～

生花（1基）　1万5000円～

盛りかご（1基）　1万円～


遺族側から「供花・供物は辞退させていただきます」と言われたら、香典だけを贈って、供花・供物は贈らないようにします。

また、「御厚志《ごこうし》は辞退させていただきます」とあったら、香典も供花・供物もいっさい贈りません。

香典袋に新札を入れてもかまわない

「香典袋に新札を入れるのは、亡くなるのを待っていたようで、してはならないこと」と言われているようです。

しかし、人が亡くなるのを待っている人なんていないと思います。それに、人に差しあげるのは、きれいなもの、清潔なもののほうが気持ちがよいに決まっています。その意味で、お札も新しいほうが受付の人が扱いやすいのではないでしょうか。香典として新札を持っていくことは、何も問題はありません。

それでも新札を入れるのはどうしても気になるというのでしたら、新札の真ん中を一度折って折り目をつけてから香典袋に入れてはいかがでしょう。

金額のあとに「也《なり》」はつけない

現金は、香典袋の中に入っている中包みに入れますが、郵便番号、住所、氏名と、包んだ金額は忘れずに書きます。

金額のあとに「也」をつけて書く人がいますが、間違い。「也」は「〜である」という意味で、ものの値段だけにつけるものです。

また、「一」は「壱」、「二」は「弐」、「三」は「参」、「十」は「拾」、「万」は「萬」、「円」は「圓」といったように、金額は特別な漢字で書くのが昔からのならわしでした。簡単な文字は細工がしやすく、数字をごまかしやすいという欠点があるので、そうされないための漢字を使ったという商売上の名残《なごり》から来ているものです。

香典袋の金額をごまかすといった心配はありませんから、簡単な漢数字でも、アラビア数字で金額を書いても問題はありません。

香典は「半返し」が目安

香典のお返しである「香典返し」は、葬式の当日に渡す「即日返し」というのもありますが、忌明け（通常は四十九日のあと）に、忌明けのあいさつ状と一緒に贈るのが一般的です。

金額は、香典の半額程度の品物を贈る「半返し」か3分の1が目安です。一家の働き手を亡くしたときなど、家庭の事情で3分の1にしたり、忌明けのあいさつ状に理由を書いたうえで香典返しを省略してもかまいません。

香典返しをいただいたことは相手に伝えますが、お礼状を出す必要はありません。

寺院・教会・神社・関係者への謝礼

葬儀費用は、形式や地域によってケース・バイ・ケースですが、寺院などに渡す謝礼の相場はだいたい次の通りです。

寺院への謝礼は、僧侶の数や位などで違いますが、中心となる僧侶で10万円以上、その他の僧侶で2万〜3万円が目安です。白無地の袋に包み、表書きは「御布施」「御礼」とします。「御車代」(5000〜1万円)や、精進落《しょうじん》としに列席しない場合の「御膳料」(1万円前後)は別に包みます。

神社への謝礼は、葬儀式の規模や斎員の数で違いますので直接尋ねましょう。白無地の袋に「御祭祀料」「御礼」と表書きします。

教会への謝礼は、教会を式場として借りた場合は白無地の袋に「献金」と表書きし、規定に従います。神父や牧師への個別の謝礼は5万円が目安、表書きは「御礼」です。

また、世話役代表への謝礼は1万円前後、ほかの世話役は3000〜5000円の商品券や品物にするのが一般的。白無地の袋に、表書きは「御礼」とします。

贈答

お中元とお歳暮の金額

お中元やお歳暮として、どのくらいの金額の品物を、どの程度のおつきあいの人にまで贈ったらよいか悩むところです。

おつきあいの深い人から順にリストアップしておいて、お中元やお歳暮にあてられる予算の範囲内で打ち切るというのも一つの方法です。

だいたい1件あたりの金額の目安は、最低3000円から最高は1万円までですが、平均すると1件あたり4000円という統計があります。

特別にお世話になった人　1万円
仲人や会社の上司など　5000円前後
親戚や知人など　3000〜4000円

家庭教師や習いごとの先生には、月謝と同額か、その半額程度の品物にするのが目安です。品物を選ぶのに迷ったときは、同額の全国共通商品券やギフト券でもかまいません。

見栄を張った高価過ぎる品物や、反対に前の年より極端に安い品物は贈らないようにします。また、お歳暮はお中元より安くならないように気をつけましょう。

出産祝いの金額

出産祝いは、現金よりも、品物を贈ることのほうが多いようです。

内輪のお祝いごとですので、あまり高価なものは避けましょう。せいぜい1万円が限度です。表書きは、「出産御祝」とします。

お互いが若い場合　5000円

目上から若い人へ　1万円
隣・近所　　　3000円

出産直後に産婦を見舞うことができるのは、身内か、ごく親しい人に限られます。出産後は、なにかとたいへんなときですから、自宅を訪ねて直接手渡す場合には、できるだけ1ヵ月以上たってからにします。それも、日中に、短い時間ですませるようにしましょう。第二子以降も、気持ちがあればお祝いを贈ります。

贈るタイミングを逃したとき

出産祝いを贈るのは、出産の日から7日以上過ぎてから。不幸にも死産などのケースもありますから、あまり早く贈らないことです。贈るタイミングを逃しても、贈り物はできます。何か別のタイミングと重なったら、それに合わせると贈りやすいでしょう。「お生まれになったことを知らずにおり、申し訳ありません」といったように非礼を詫びる手紙を添えます。

出産祝いのお返しの金額

出産祝いのお返し（内祝い）の金額は、いただいた金品の半返しか、3分の1程度が目安です。いただいてから1ヵ月以内、お宮参りの前後に贈るのが一般的です。

贈り物には、のし紙に紅白の蝶結びの水引をかけ、表書きは「内祝」、その下には赤ちゃんの名前を書きます。

内祝いとしてよく贈られるのは、石けん、タオルやハンカチのセット、お祝い用の砂糖、菓子類、赤飯やかつお節などの祝儀用の贈答品がほとんど。グループからいただいたお祝いのお返しには、全員に行き渡るものを選びます。

仲人やお世話になった方からいただいたときにはできれば持参しますが、遠方のときはデパートから配送してもよいでしょう。

死産のときは、お返しをしない

出産のお祝いをいただいたのですが、不幸にして死産だったり、生まれてまもなく赤ちゃんが亡くなった場合は、お返しの金品は贈らなくてもよいでしょう。お礼とともに残念な結果になったこと、いただいた品物は次の機会に使わせていただきたいと伝えるだけでかまいません。

どうしてもていねいなお礼をしたい場合には、四十九日の忌明けのころに、水引やのしのない白い紙に「御礼」と書いて、石けんやタオルなどの贈答品を贈ります。

病気見舞いの金額

お見舞いに行きたいが様子がよくわからないというときは、品物ではなくお見舞い金を贈ります。家族の経済的な負担を助けることにもつながります。

近親者　　　1万円
友人・知人　5000円

何人分かの金額をまとめた合計額が「4」や「9」になったときは、封筒を分けるなどして金額を調整します。

全快を願って、紅白の結び切りの水引がついた(印刷された)袋か、赤の帯紙が印刷された白封筒に現金を入れ、目上の人には「御伺」、それ以外は「御見舞」と表書きして手渡します。

のしは「延ばし」に通じて病気が延びるという理由で省略するようになりましたが、おかしなことです。

目上の方に渡すときは、「現金で失礼ですが」とひと言添えるとなおよいでしょう。

病気見舞いのお返しの金額

病気見舞いのお返しは、「病気のことはあとに残らないように、サッパリ」と験《げん》をかついで、石けんやお砂糖といった消耗品がよく使われます。

金額は、いただいたお見舞い金の半額から3分の1程度が目安です。

表書きは「内祝」か「快気内祝」としま す。「快気祝」とするのは、第三者がするものですから間違いです。

亡くなったら、お返しはしなくてもよい

お見舞いをいただいたのに、その人が亡く

なってしまうことがあります。そのときは、お返しはしなくてよいとされています。

しかし、遺族の気持ちとしては、残念な結果になったとはいってもお見舞いをいただいたことには違いがありませんので、きちんとお返しがしたいと思うのは当然です。表書きは「御見舞御礼」とし、金額はお見舞い金の半額か3分の1程度を目安とします。治る見込みがなくとりあえず退院したときのお返しも、表書きは「御見舞御礼」です。

入園・入学・就職祝いの金額

入園・入学・就職のお祝いは、現金（商品券）でも品物でも同額のものを贈りますが、金額の目安は、贈るほうも贈られるほうも年齢によって違ってきます。

［小中高生に贈る場合］

贈る側が若い　5000～1万円

贈る側が年配　5000～1万円以上

［大学生・社会人に贈る場合］

贈る側が若い　1万円

贈る側が年配　1万～2万円

表書きは、「御入学（園）祝」「祝御入学（園）」「合格御祝」「御就職祝」「祝御就職」とします。

入園・入学のお祝い品として、文房具やカバン（ランドセル）などの学用品を贈ることが多いようですが、学校で指定されていることがあったり、同じ品がダブってしまっては無駄になります。あらかじめ、本人や家族に希望の品を聞くか、現金（商品券、図書券）を贈るのが無難です。

卒業と入学が重なっている相手の場合には、名目は入学祝いを優先させます。第一子に贈ったら、第二子以降も、相手に負担をかけないよう、金額に差をつけずに贈ります。

入園・入学・就職祝いのお返しはしない

入園・入学や就職祝いに対してお返しをする必要はありませんが、いただきっぱなしというわけにはいきません。

お祝いが届いたら、電話でもお礼状でも、必ず感謝の気持ちを伝えることは忘れずに。子ども自身にお礼状を書かせたり、いただいたものと一緒に写真を撮って添えるようにすれば、贈ったほうの喜びもいっそう増すような気がします。

長寿祝いの金額

長寿のお祝いとなれば、祝う相手は当然目上の人になりますから、現金を包むということはまずありません。子どもや孫などが集まって食事をしながら歓談し、そのときに記念品を贈る傾向が強いようです。とくに金額の目安というものはありません。

昔から、還暦《かんれき》には赤いちゃんちゃんこ、古希《こき》以上には紫の座布団を贈るならわしがありますが、毎日の暮らしに役立つもの、趣味に合ったもののほうが喜ばれるでしょう。

表書きは、「寿」や「祝〇〇」とし、お祝いの手紙を添えれば、よりいっそう祝う気持ちを込めることができます。

「〇〇」には、お祝いの年齢に応じて、「還暦」（60歳）、「古希」（70歳）、「喜寿《きじゅ》」（77歳）、「傘寿《さんじゅ》」（80歳）、「米寿《べいじゅ》」（88歳）、「卒寿《そつじゅ》」（90歳）、「白寿《はくじゅ》」（99歳）、「上寿《じょうじゅ》」（100歳）、「皇寿《こうじゅ》」（111歳）といった「賀寿《がじゅ》」の名称を入れます。

新築・新居（引っ越し）祝いの金額

結婚式の引き出物と一緒で、せっかくいただいた新築祝いが、開けてみたら家のつくりや趣味嗜好にまったく合わないもので困ってしまうことがよくあります。相手にそういう思いをさせないためには、事前に欲しいものは何かを聞いてしまうのがよいでしょう。

お祝いは、記念に残る品物でも、現金（商品券、ギフト券）でもかまいません。

両親・兄弟・姉妹	1万～5万円
親類	1万円
友人・知人	5000円

表書きは、「御新築祝」「祝御完成」「御祝」など、中古マンションを購入した相手には「新居御祝」とします。

新築（新居）披露の当日に持参してもかまいませんが、ほかの人の前では渡さないように配慮します。

新築祝いのお返しは、家に招く

新築祝いは、いただきっぱなしというわけにはいきません。新居での生活が落ち着いたところで新築披露に招くのが一般的です。

招待状は、2週間ぐらい前までに送ります。家を見てもらうことが目的ですから、日中からスタートするようにして、いただいた品物は目につくところにきちんと飾っておきます。おもてなしは、アルコールと軽食程度でよいでしょう。

新築披露に来られない人や、新築披露そのものを行わないときは、いただいたお祝い金の半額から3分の1程度の品物を選び、「新築（新居）内祝」と表書きしてお返しにあてます。

招待された人は、勝手に家の中を見て回ったり、家具調度を品定めしたり、建築費用のことや方位のことをあれこれ話題にすることは控えます。

開店・開業祝いの金額

開店や開業のお祝いに限っては、目上の人に現金を贈っても失礼にはあたらないとされています。

相場　1万円

表書きは、現金も品物も「祝御開店」「祝御開業」「寿」「御祝」。「生花料」や「花輪料」

は、現金を贈るときだけに使います。

品物は、お店やオフィスで使う観葉植物、トイレ用タオルやスリッパ、石けん、マガジンラックや傘立てなどの調度品が喜ばれますし、招き猫や七福神の置物は昔からのならわしです。

現金や品物を贈るだけではありません。開業をした場合には、取引先を紹介してあげたり、仕事の情報を提供したり、お店の場合には、開店のときにお手伝いをしたり、友人や知人にお店を宣伝するなど、事業に協力することもりっぱなお祝いの方法です。

お返しは披露パーティーに招く

開店・開業祝いのお返しは必要ありませんが、オフィスやお店で披露パーティーを開き、そこで記念品を配ってお返しの代わりにするのが慣習となっています。

記念品としては、卓上カレンダー、図書カード、花びん、筆記用具などに会社やお店の名前・住所・電話番号を刷り込み、紅白蝶結びの水引が印刷されたのし紙をかけ、「開業(開店)記念」と表書きします。

災害見舞いの金額

災害の現場に駆けつけ、安否や被災の状況を確認したうえで、お手伝いなどの労力を提供することもお見舞いの一つのかたち。遠方で出向くことができなければ、相手の状況を聞いたうえで、生活に必要な物資や、当座に必要な現金を送って援助します。

最低限　5000〜1万円程度

金額にとくに相場はなく、できる範囲のことをすればよいのですが、最低でもこのくらいの金額は送りたいところです。

表書きは、白い封筒に「御見舞」、あるいは「震災御見舞」「火災御見舞」とします。

もちろん、災害見舞いへのお返しはいりません。落ち着いたら、近況を報告するときにお礼の言葉をひと言添えるとよいでしょう。

餞別《せんべつ》（転勤、退職）の金額

人事異動に伴う転勤や退職は、会社にはつきものです。転勤者や退職者に対しては、送別会を開いて労をねぎらい、その場で餞別を贈ることがよくあります。

部署でお金を出し合ったり、送別会の会費の一部をあてたりして、職場一同として贈ることが多く、個別に餞別を贈るというのはごく稀《まれ》です。

一人あたりの金額　3000〜5000円
職場一同の合計金額　1万〜3万円

目上の人に対しては、現金よりも全国共通の商品券やギフト券にするのが望ましいところですが、品物で贈るにしても、この金額を目安にしましょう。

転勤といっても、栄転とは限りません。実

際は左遷《させん》なのに、表書きを「祝御栄転」や「御祝」にするのはおかしいので、「御餞別」と書きます。

定年退職者へは、会社をやめて寂しい思いをしている方もいますので「定年退職祝」と書かないで、蝶結びの水引がついたのし袋に「御礼」「感謝を込めて」といった表書きをします。

結婚退職者へは、餞別という名目ではなく、職場一同で結婚祝いを贈りましょう。

餞別にお返しはいりません。落ち着いたら、転勤先や退職後の地元の名産品を、お礼状と一緒に元の職場に送れば、感謝の気持ちは十分に伝わります。

本書は当文庫のための書き下ろしです。

岩下宣子―「現代礼法研究所」主宰。1945年、東京都に生まれる。共立女子短期大学卒業。30歳からマナーの勉強を始め、全日本作法会の故内田宗輝氏、小笠原流・故小笠原清信氏のもとで学ぶ。1984年、現代礼法研究所を設立。マナーデザイナーとして、企業、学校、公共団体などでの指導、研修、講演や執筆活動のほか、NPOマナー教育サポート協会の理事長として、大人と子どもに思いやりの気持ちを広め、子どもたちがたくましく育つための活動を行っている(http://www.e-manners.org/)。著書には『女性の気品』(主婦の友インフォス情報社)、『マナーでわかる大人の品格』(三笠書房)、『知っておきたいビジネスマナーの基本』(ナツメ社)、『一分間「ここ一番!」の礼儀作法』(講談社)、『図解 マナー以前の社会人の基本』(講談社+α文庫)などがある。

講談社+α文庫 図解《ずかい》 マナー以前《いぜん》の社会人常識《しゃかいじんじょうしき》

岩下宣子《いわしたのりこ》

2005年9月20日第1刷発行
2010年2月19日第21刷発行

発行者――鈴木 哲
発行所――株式会社 講談社
東京都文京区音羽2-12-21 〒112-8001
電話 出版部(03)5395-3529
販売部(03)5395-5817
業務部(03)5395-3615

イラスト――ニーヤ・アキ
デザイン――鈴木成一デザイン室
本文組版――朝日メディアインターナショナル株式会社
カバー印刷――凸版印刷株式会社
印刷――慶昌堂印刷株式会社
製本――株式会社国宝社

落丁本・乱丁本は購入書店名を明記のうえ、小社業務部あてにお送りください。
送料は小社負担にてお取り替えします。
なお、この本の内容についてのお問い合わせは
生活文化第二出版部あてにお願いいたします。
Printed in Japan ISBN4-06-256963-9
定価はカバーに表示してあります。

大工棟梁《とうりょう》の知恵袋 住みよい家づくり秘訣集
森谷春夫
家を新築したい、一戸建てを購入したいと考えている人にプロが教えるとっておきの知恵
880円 C 6-1

「がん」ほどつき合いやすい病気はない
近藤 誠
乳がん治療で日本一の実績を誇る専門医による画期的な書。がんが恐い病気でなくなる!!
718円 C 12-1

よくない治療、ダメな医者から逃《のが》れるヒント
近藤 誠
患者の知らない医療情報と医者選びのポイントを大公開。現役医師による「良心の書」!
840円 C 12-4

大学病院が患者を死なせるとき 私が慶応大学医学部をやめない理由
近藤 誠
ボス支配の大学病院、偽りに満ちた医療現場。孤独な戦いを続ける現職医師の闘争物語!
840円 C 12-5

大病院「手術名医」の嘘《うそ》
近藤 誠
無意味・有害な手術へと誘導する手術大国日本の実態を克明に検証・告発した衝撃の書!
743円 C 12-6

***クッキングパパのレシピ366日**
うえやまとち
わかりやすい、すぐできる!! 連載五百回記念の厳選料理満載で初心者もベテランも納得
854円 C 15-1

***クッキングパパの読者ご自慢レシピ**
うえやまとち編
アイディア一杯のスピード料理、残りもの活用術、簡単ケーキなど。生活密着型(得)料理集
724円 C 15-3

***クッキングパパの超カンタン超うまいレシピ230**
うえやまとち編
手間とお金はちょっぴり、愛情はたっぷり。初心者もベテランも納得の特選レシピ満載!!
740円 C 15-5

***クッキングパパの絶品ひとり暮らしレシピ**
うえやまとち
「クッキングパパ」直伝! 手軽にできる美《お》味《い》しい簡単メニューが、この一冊に勢ぞろい
743円 C 15-6

***クッキングパパの幸せレシピ**
うえやまとち
初心者にも簡単。献立決めにもう迷わない! 目的別に選んで「お料理上手」を目指そう!!
724円 C 15-7

*印は書き下ろし・オリジナル作品

表示価格はすべて本体価格(税別)です。本体価格は変更することがあります

村上祥子のがんばらなくてもおいしいレシピ	村上祥子	技術や努力なしでも料理上手とほめられる！ 村上流ラクしておいしい知恵がギッシリの本	580円	C 17-3
*村上祥子のおなじみ家庭料理	村上祥子	ほっとするあの味が、手間いらずでサッと作れる！ いつも使える家庭おかずの決定版！	648円	C 17-4
何を食べるべきか 栄養学は警告する	丸元淑生	毎日の食事が抱える問題点を栄養学の見地から検証。最高の食事とは何かを教示する	780円	C 23-1
たたかわないダイエット わが娘はこうしてスリムになった！	丸元淑生	娘の肥満解消をめざして栄養学の観点からも正しい、食べて痩せるダイエットを検証する	640円	C 23-2
小林カツ代のすぐつくれるおかず この65レシピで献立に困らない	小林カツ代	簡単ですぐできるおいしい基本のおかず集！ 小林カツ代ならではの素材が生きた納得の味	580円	C 29-1
小林カツ代の切って煮るだけ鍋ひとつだけ	小林カツ代	春はたけのこの煮物、夏はラタトゥイユなど、オールシーズンのレシピがすべて鍋ひとつ！	580円	C 29-2
小林カツ代の野菜でまんぷく 野菜でまんぞく	小林カツ代	カレー味、クリーム味、ごま風味、みそ仕立てなどなど野菜が大変身!! 驚きの68レシピ	580円	C 29-3
小林カツ代の魚でカンタン 魚でおいしい	小林カツ代	下ごしらえが面倒、目やうろこが嫌、などの気分は一挙に解消！ おいしい魚の食卓実現	580円	C 29-4
小林カツ代のもっともっと話したい料理のコツ レシピ108	小林カツ代	焼き方、焼き時間、焼き色と、「焼く」ひとつとってもコツは実はいろいろ。おいしく伝授	580円	C 29-5
小林カツ代の忙しいからできる！ 料理とおやつ	小林カツ代	カツ代さんが一番忙しかったときのラクするレシピとエッセイ。読めばあったかくなる！	590円	C 29-6

講談社+α文庫 ©生活情報

*小林カツ代のすぐ食べられる！おやつレシピ	小林カツ代	カツ代流でおやつ作りもむずかしいこと一切ナシ！オールカラーですぐ作れる全45品！	648円	C 29-7
何もかもわずらわしいなあと思う日のスープ	小林カツ代	疲れたなあ、面白いことないかなと思うとき空腹だけでなく、心も埋めてくれる40レシピ	648円	C 29-8
絵を描きたいあなたへ 道具の選び方からスケッチ旅行のノウハウまで	永沢まこと	スケッチの達人があなたの手を取って教えてくれる描く楽しみ、誰でも上手くなる練習法	740円	C 32-3
絵が描きたくてたまらない！	永沢まこと	あなたの「絵ごころ」に火を点《つ》ける、描く歓《よろこ》びと上達テク。絵が描けたら人生が変わる！	743円	C 32-5
カツ代とケンタロウの コンビニでうまいごはん	小林カツ代 ケンタロウ	コンビニ素材別に60以上のレシピを全てケンタロウのイラストで紹介。カンタン、うまい！	580円	C 36-1
粗食のすすめ 実践マニュアル	幕内秀夫	簡単においしく食べて健康に。現代人が忘れつつある、本当の元気をつくる粗食メニュー84	640円	C 37-1
じょうぶな子どもをつくる基本食	幕内秀夫	増えつづける小児生活習慣病。誤った「食育」の常識を、根本から改善する方法とは？	648円	C 37-2
ねこのお医者さん	石田卓夫	ねこの病気と気持ちがわかる。ねこ専門の獣医師が書いた完全無欠の「ねこの家庭の医学」	600円	C 38-1
40歳から何をどう勉強するか	和田秀樹	40歳から勝てる勉強には鉄則があった。サビついた脳を活性化し人生を変える極意を教示	680円	C 47-3
40歳から「脳」と「心」を活性化する	和田秀樹	異なる分野の第一線で活躍しつづける男が、実体験とともに語る脳力㊦活性の絶対極意！	686円	C 47-4

*印は書き下ろし・オリジナル作品

表示価格はすべて本体価格（税別）です。本体価格は変更することがあります

講談社+α文庫 ©生活情報

＊イラスト完全版 イトシンのバイク整備テク
伊東 信
全工程を500点のイラストで絵解き。メカ初心者でも世界でたった1台のバイクができる!!
880円 C 50-1

「きれい」への医学 美人をつくるマインド・ダイエット
海原純子
最新医学を駆使した、25の美容メニューで、パーフェクトボディの作り方を伝授します！
640円 C 55-1

心が「きれい」になる医学 元気が出るマインド・ダイエット
海原純子
毎日を空しく過ごして落ちこむ貴女《あなた》へ贈る！自分を取り戻し心が晴れやかになる処方箋！
640円 C 55-4

好きな人と結婚できる魔法の「恋愛セラピー」
海原純子
今度こそ絶対にかなえたい想いに効く！心理パターンから導く「最後の恋」への処方箋《しょほうせん》
648円 C 55-5

藤原美智子のパーフェクトメイクブック
藤原美智子
TPOに合わせて、自分らしい「きれい」を引き出すメイクテクニックを徹底的に紹介！
640円 C 56-2

＊セルライトがすっきり 美脚瘦身術《そうしんじゅつ》
ナターシャ・スタルヒン
なぜ、下半身ばかり太くなる？ デコボコ脂肪「セルライト」の正体と最新撃退法を解説
680円 C 58-2

＊フルーツで野菜で！ 生ジュースダイエット
ナターシャ・スタルヒン
1日1杯できれいにやせる。酵素が髪・爪・肌をケアしトラブル解消、体の中からピカピカに
838円 C 58-3

キッチンに一冊 食べものくすり箱
阿部絢子
キッチンの身近な食材には驚くほどの薬効が。健康、ダイエット、美肌は毎日の食事から!!
880円 C 63-1

家事名人の生活整理術
阿部絢子
イライラした心と、片づかない家はストレスのもと。モノと人への依存をやめて生活革命
686円 C 63-2

楽してキレイ 主婦業以前の家事の常識
阿部絢子
時間も手間もかけずに家中ピカピカ、らくらく片づけ。合理的お気楽家事の知恵満載！
686円 C 63-3

＊印は書き下ろし・オリジナル作品

表示価格はすべて本体価格(税別)です。本体価格は変更することがあります

講談社+α文庫 ©生活情報

- *マンガ 近藤典子のステップ収納術 これが基本だ！
  近藤典子 監修 / 青木庸 マンガ
  溜めこみ、散らかし、詰めこみ、凝りすぎと性格別に収納法を伝授。驚きのアイディア!!
  580円 C 64-1

- *知らないと危ない！ サプリメントの利用法と落とし穴
  生田哲
  美しさも若さも健康も維持できるサプリメントの利用法と、知らないと危険な副作用！
  680円 C 70-1

- *人気サプリメントのウソとホント トップ33品目を徹底検証する！
  生田哲
  コラーゲン、にがり、マテ茶、コエンザイムQ10……本当の効果とコワ〜い副作用を知る！
  648円 C 70-2

- *人気サプリメントの真実 がん予防、メタボ改善にはコレが効く！
  生田哲
  イソフラボン、ナイアシン、カバ、ウコン……効能と副作用、正しい用法を○×式で解説！
  648円 C 70-3

- 何にでもすぐ効く「気」のコツのコツ
  安田隆
  体の不調に、心の悩みに、即・簡単に効く神秘の「気」のパワーをイラスト入りで伝授！
  580円 C 73-1

- 誰にでもできる「気」のコツのコツ
  安田隆
  不調を乗り切り、健康をきわめるコツをイラスト入りで紹介。すぐに効く元気の特効薬！
  648円 C 73-2

- 人生を変える「リベンジ転職」マニュアル
  日向咲嗣
  国から資金をもらいながら「もっといい仕事」を手に入れる！ 12万人を勇気づけた名著!!
  648円 C 79-2

- *佐伯チズ メソッド 肌の愛し方 育て方 今までだれも言わなかったスキンケアの新提案50
  佐伯チズ
  カリスマ美肌師が、毛穴やシミなど全女性が抱く肌の悩みに簡単・即効くケア法を大公開
  552円 C 84-1

- *佐伯チズ メソッド 艶《つや》つやメイク 「お手入れ」しながら「メイク」で美肌になる
  佐伯チズ
  200万人の女性が絶賛する佐伯式お手入れ法のメイク編。誰もが「知的美肌」になれる！
  629円 C 84-2

- *美肌手帖
  佐伯チズ
  佐伯式お手入れ法で日々変化する肌状態を3ヵ月間、日記のように書き込む文庫版手帖！
  724円 C 84-3

*印は書き下ろし・オリジナル作品

表示価格はすべて本体価格(税別)です。本体価格は変更することがあります

講談社+α文庫 ©生活情報

頼るな化粧品！ 顔を洗うのをおやめなさい！	佐伯チズ	今さらだれも教えてくれないスキンケアとメイクの基本。知った人からきれいになれる！	552円	C 84-4
＊きれいになる「お取り寄せ」	佐伯チズ	お取り寄せの達人でもある美容家の貴重なファイルから、肌にいいものを厳選して紹介	648円	C 84-6
佐伯チズ メソッド 知的肌づくり 今さらだれにも聞けないスキンケアとメイクの基本	佐伯チズ	基本の肌診断から季節ごとのケア法まで「佐伯式」美肌術が満載。始めた人からきれいに！	552円	C 84-7
川島隆太の自分の脳を自分で育てる 朝5分の音読・単純計算	川島隆太	大反響！ 脳を活発に働かせる鍵は前頭前野《ぜんとうぜんや》にある。一週間で驚くほど脳が活性化する!!	648円	C 87-1
＊一日一動 スッキリ！	長野茂	本書を手にしたその場で、すぐ実践できる合計270の身体改善法。ながら運動決定版！	743円	C 93-1
＊だれでも「達人」になれる！ ゆる体操の極意	高岡英夫	真剣にやっかいなコトに取り組む体験＋《プラス》ゆるんだ身体が人生を開く！ ゆる原点の名著!!	648円	C 94-1
からだにはココロがある 丹田、センター、身体意識の謎を解く	高岡英夫	「丹田」の謎を解く！ 身体意識を開発することで別人のように身が軽く健康になれる！	648円	C 94-2
＊図解 マナー以前の社会人常識	岩下宣子	いざというとき迷わずに！ 豊富な事例とイラストで学ぶ、初級の作法、基本の一冊!!	648円	C 95-1
＊図解 マナー以前の社会人の基本	岩下宣子	ベストセラーマナー集第2弾。思いやりの気持ちが相手に伝わる。そんな素敵な人生を!!	648円	C 95-2
「きれい」への断食セラピー	大沢剛	心身の毒素を抜いて、明日をもっときれいに。プロが教える、本物のインナービューティ術	686円	C 96-1

＊印は書き下ろし・オリジナル作品

表示価格はすべて本体価格（税別）です。本体価格は変更することがあります